Rezept	Seite	Kalorien/Portion	Schnell	Gelingt leicht	Preiswert	Vegetarisch	Etwas teuer	Raffiniert	Kalorienarm	Würzig
Kabeljau mit Tomaten	34	730	●	●	●					
Gemüse mit Garnelen	35	570	●				●	●		
Knoblauchgarnelen	35	620	●	●			●			
Rotbarsch auf Kartoffel-Sauce	36	530			●			●		
Salbeifisch mit Limettensauce	38	490		●				●		
Saibling mit Senfmascarpone	38	740						●		●
Lamm-Spinat-Pflänzchen	42	530		●				●		
Chinakohl-Fisch-Päckchen	42	280						●	●	
Mariniertes Fleisch und Pilze	44	360		●					●	
Glasierte Würstchen	44	960			●					
Gemüsespieße	46	380	●		●	●				
Fischspieße	46	530		●				●	●	
Rindfleischspieße	46	620		●			●	●		
Leberspieße	46	690	●	●						
Hähnchenspieße	48	780						●		●
Auberginen-Fisch-Röllchen	50	310					●	●	●	
Fisch in Pfefferkruste	51	440	●	●				●		
Entenbrust mit Aprikosenmarmelade	52	410					●	●		
Lamm mit Mangosauce	52	490					●	●		
Gemüse in Erdnußpanade	54	580			●	●		●		
Gegrilltes Gemüse	54	580		●		●				
Ananas-Chutney	58	170	●	●		●				
Balsamico-Zwiebeln	58	90		●		●				
Rucola-Tomaten-Quark	59	160	●			●				
Gurken-Tomaten-Salat	59	80	●	●		●				
Preiselbeer-Orangen-Sauce	60	80		●		●				
Walnuß-Mayonnaise	60	190	●	●		●				
Kräutercreme	61	180	●			●		●		●
Meerrettichcreme	61	90	●		●	●			●	●

Wegweiser

Im Mittelpunkt: Gemüse

Zwar gibt es zahlreiche unterschiedliche Geräte im Handel, die meisten gleichen sich jedoch in der Ausstattung, und fast alle Raclette-Geräte sind mit einem Heißen Stein oder aber einer Grilloberfläche kombiniert. Diese Oberflächen dienen nicht nur zum Garen, sondern auch zum Aufbacken von Brot, zum Warmhalten von Tellern und Beilagen.

Worauf Sie achten sollten

Wenn Sie ein Gerät kaufen, achten Sie vor allem darauf, daß es groß genug ist, dies gilt besonders für den Heißen Stein: Er muß eine ausreichend große Garfläche besitzen, damit er sich auch wirklich für die Gästebewirtung eignet und nicht nur Platz für einige wenige Spießchen bietet.

Für die Gästebewirtung sollte das Gerät Platz für 6–8 Pfännchen haben. Die Pfännchen sind von einer Antihaftbeschichtung überzogen, damit sich der Käse leicht herauslösen läßt. Dafür braucht man kleine Schaber aus Holz oder Kunststoff, denn mit Metall wird die Beschichtung beschädigt.
Neben diesen großen Geräten gibt es auch ganz kleine Raclettegeräte für den Single-Haushalt.

Gut plaziert

Stellen Sie das Gerät möglichst in die Mitte des Tisches, damit alle Gäste es bequem erreichen können. Wichtig ist, daß das Kabel und eventuell auch die Verlängerungsschnur so liegen, daß niemand darüber stolpern kann und daß das Kabel nicht etwa mit dem heißen Gerät oder anderen Hitzequellen in Berührung kommt.

Raclette

GU-Rezept-Wegweiser 2
Überblick über die Rezepte des Buches mit ihren wichtigsten Eigenschaften.

Im Mittelpunkt: Gemüse 4
Raffinierte Gemüsegerichte, die nicht immer rein vegetarisch sind.
Außerdem:
Wissenswertes über Raclettegeräte 4
Die richtige Plazierung 4
Tips für den Gebrauch 4
Das Ur-Raclette 5
Das gibt's zu trinken 5

Hauptsache: Fleisch und Geflügel 18
Gerichte zum Sattessen für viele Gelegenheiten.
Außerdem:
Traditionell – Käse aus dem Schweizer Wallis 18
Hartkäse 18
Weichkäse 19
Käse kaufen 19
Käse vorbereiten 19
Raclette aus dem Vorrat 19

Leicht: Fisch & Co. 30
Kalorienarme Gerichte, mal zart, mal kräftig im Geschmack.
Außerdem:
Kombinieren ist alles: Zahlreiche Vorschläge für tolle Raclette-Menüs und was dazu paßt 30

Vom Heißen Stein 40
Schonend gegart und herrlich schmackhaft: Raffinierte Gerichte für Alltag, Feste, Gäste.
Außerdem:
Alles über den Heißen Stein 40
Der Heiße Stein allein 40
So wird's gemacht 40
Tips und Tricks 41
Garzeiten 41

Das paßt dazu 56
Würzige Saucen, fruchtige Chutneys oder erfrischende Dips.
Außerdem:
Kartoffeln 56
Nudeln und Reis 57
Brot 57

Register 62
Impressum 62
Abkürzungen 64

Rezept	Seite	Kalorien/Portion	Schnell	Gelingt leicht	Preiswert	Vegetarisch	Etwas teurer	Raffiniert	Kalorienarm	Würzig
Zwiebel-Raclette	6	650	●	●	●	●				●
Eier mit Tomaten und Käsecreme	6	500	●	●	●	●				
Rosenkohl mit Ricotta-Nuß-Creme	8	420		●		●		●		
Safrannudeln mit Schinken	9	600		●			●	●		
Tomaten-Crostini	10	560	●	●				●		●
Rucola-Crostini	10	950	●	●		●		●		
Lauch mit Gorgonzola	11	340	●	●	●	●				
Radicchio mit Roquefort	11	530	●	●		●				
Gemüse mit Pistazienhaube	12	530				●				
Paprikastreifen mit Knoblauchwurst	14	590			●					●
Auberginen-Mais mit Joghurthaube	14	740	●	●				●		
Salbei-Pilze	16	380	●			●		●		
Kartoffeln mit Tomaten	16	760		●	●	●				
Kartoffeln mit Pilzen	16	620					●	●		
Grüner Spargel mit Lachs	16	480					●	●		
Chicorée mit Schinken	20	630		●	●					
Strudelteigröllchen	21	790						●		●
Spinat mit Kalbfleisch	22	1020		●			●			●
Hackfleischtaler mit Raclettekäse	22	770	●	●	●					
Bratwürste mit Rucola	24	850	●	●				●		
Filet mit Zitronensauce	24	1050		●			●	●		
Kalbsleber mit Trauben	25	670	●	●				●		
Hähnchen mit Preiselbeeren	25	480	●	●						
Hähnchen mit Zuckerschoten	26	460		●					●	
Entenstreifen auf Fladen	26	650		●				●		
Lammkeule mit Pinienkernen	28	810		●				●		
Schweinefilet mit Orangen	28	790	●				●	●		
Tomaten und Pilze mit Füllung	32	670	●	●				●		
Fisch auf Portwein-Preiselbeer-Sauce	33	750					●	●		
Thunfisch mit Paprika	34	590	●		●					

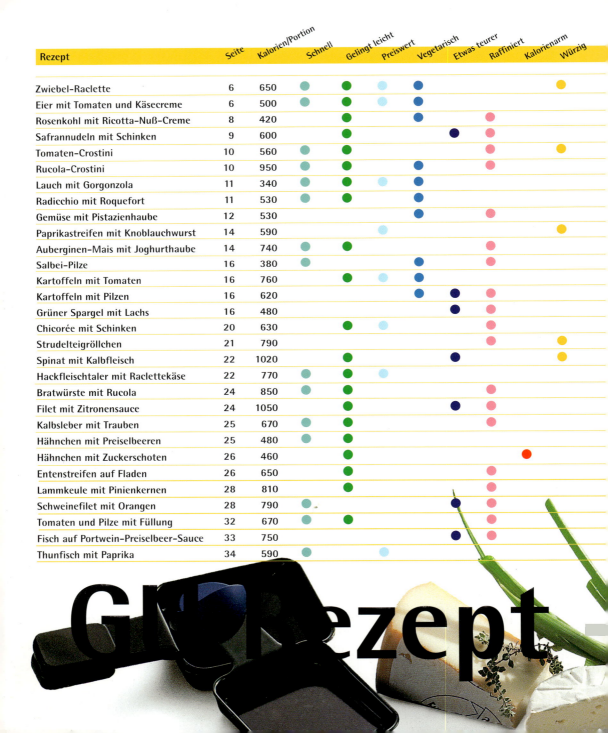

Im Mittelpunkt: Gemüse

Praktische Tips für den Gebrauch

• Bei vielen Raclette-Rezepten können Sie die Zutaten schon vorher mischen und dann nur noch mit Käse belegen. Interessanter ist es aber, wenn Sie alles einzeln in Schälchen anrichten. Dann kann jeder nach Lust und Laune kombinieren, also kreativer sein.

• Die Pfännchen sind sehr heiß, wenn sie aus dem Gerät kommen. Sorgen Sie deshalb für geeignete Abstellflächen. Am besten eignen sich kleine Holzbrettchen, aber auch doppelt oder dreifach gefaltete Stoffservietten erfüllen ihren Zweck. Falls der Heiße Stein oder die Grilloberfläche nicht zum Garen benötigt wird, können die Pfännchen auch dort abgestellt werden.

• Die Pfännchen gibt es einzeln zu kaufen. Besorgen Sie also eventuell einen zusätzlichen Pfännchen-Satz, damit jeder Gast zwei davon hat und gleichzeitig oder zeitlich versetzt garen kann.

• Das Raclettegerät wird mit der Zeit heißer. Die Garzeiten können also im Laufe des Abends kürzer werden. Unabhängig davon sollten Sie immer mal wieder das Pfännchen herausziehen und nachsehen, wie weit die Zutaten gegart sind.

• Füllen Sie die Pfännchen nicht zu hoch. Die Zutaten garen sonst nicht gleichmäßig und der Käse könnte verbrennen.

• Das Gerät heizt auch die Umgebung auf. Deshalb zwischendurch die Fenster öffnen, damit Ihren Gästen nicht zu heiß wird. Auch die Zutaten und die Gläser mit den Getränken nicht zu nah ans Gerät stellen, damit sie frisch bleiben.

• Warmer Käse mag es nicht gerne, wenn er auf einen kalten Teller kommt. Die Teller deshalb vorheizen.

Ur-Raclette

Guter Käse, Pellkartoffeln und verschiedene süßsauer eingelegte Gemüse - fertig ist ein einfaches und dabei köstliches Essen. Man rechnet pro Person 150-200 g Raclettekäse in knapp 1/2 cm dicken Scheiben und 200 g Kartoffeln in der Schale. Am besten schmecken festkochende Kartoffeln zum Käse. Servieren Sie außerdem Perlzwiebeln, Essiggurken und Mixed Pickles dazu.

Übrigens: Der Käse soll hier nur schmelzen und nicht braun werden. Die Rinde wird vorher entfernt und wer möchte, bestäubt den geschmolzenen Käse mit etwas Paprikapulver oder frisch gemahlenem Pfeffer. Wer's üppiger mag, wandelt die Beilagen etwas ab und serviert beispielsweise Schinken oder dünne Salamischeiben, kurz gedünstetes, kleingeschnittenes Gemüse wie Fenchel oder Sellerie dazu. Auch Salate passen wunderbar, besonders gut schmeckt Tomatensalat.

Das gibt's zu trinken

Traditionell trinkt man in der Schweiz einen fruchtigen und trockenen Weißwein zum Raclette, der ebenfalls aus dem Wallis stammt: den Fendant. Da es den bei uns aber nicht überall zu kaufen gibt, können Sie auch andere Weißweine dazu servieren. Gut geeignet sind ein fruchtiger Riesling, ein Grüner Veltliner oder auch ein nicht zu schwerer Sauvignon oder Chardonnay. Die Trinktemperatur sollte bei 10-12° legen.

Auch ein trockener Rosé paßt hervorragend. Wenn Sie Rotwein bevorzugen, sollten Sie zu jüngeren Weinen greifen: Geeignet ist ein Beaujolais Primeur, ein junger Chianti oder ein Merlot. Wer keinen Alkohol zum Raclette trinken möchte, ist mit Tee am besten bedient.

Zum Ur-Raclette gehören Mixed pickles und Pellkartoffeln.

Zwiebel-Raclette

- Schnell
- Gelingt leicht

Für 2 Personen:

200 g Zwiebeln
1 EL Sonnenblumenöl
1 Bund Frühlingszwiebeln
1 Knoblauchzehe
1 EL saure Sahne
Salz · weißer Pfeffer
1 Prise gemahlener Kümmel
300 g Raclettekäse in knapp 1/2 cm dicken Scheiben

Vorbereitungszeit: 20 Min.
Garzeit: 6 Min.

Pro Portion ca.: 2710 kJ/650 kcal
45 g EW/47 g F/13 g KH

1 Die Zwiebeln schälen und sehr fein würfeln. Das Öl in einer Pfanne erhitzen. Die Zwiebeln darin unter gelegentlichem Rühren bei mittlerer Hitze in 15 Min. goldgelb und weich dünsten.

2 Inzwischen die Frühlingszwiebeln putzen, sehr gründlich waschen und mit dem zarten Grün in feine Ringe schneiden. Den Knoblauch schälen und sehr fein hacken.

3 Die gedünsteten Zwiebeln etwas abkühlen lassen, dann mit den Frühlingszwiebeln, dem Knoblauch und der sauren Sahne mischen und mit Salz, Pfeffer und Kümmel abschmecken.

4 Das Raclettegerät anheizen. In die Pfännchen 1 Käsescheibe geben, mit etwas Zwiebelmasse bedecken und im heißen Gerät 6 Min. garen, bis der Käse geschmolzen und leicht gebräunt ist.
Dazu Pellkartoffeln servieren.

VARIANTEN

Statt Zwiebeln 200 g Möhren raspeln und mit 1 EL fein gehackten Mandeln in dem Öl andünsten. Mit Zitronensaft, gehacktem Dill und saurer Sahne mischen, in die Pfännchen geben und mit dem Käse überbacken.
1 kleine Aubergine in sehr kleine Würfel schneiden. Mit 1 gewürfelten Tomate und zerrebelten getrockneten Kräutern mischen. Mit dem Käse überbacken.
150 g Weißbrot würfeln und in Öl knusprig braten. Mit Knoblauch und Kräutern mischen und unter dem Käse in die Pfännchen geben.

Eier mit Tomaten und Käsecreme

- Preiswert
- Schnell

Wenn's nicht rein vegetarisch sein soll, können Sie dieses Gericht sehr gut mit einem Fleisch-Raclette kombinieren. Hackfleischtaler mit Raclettekäse schmecken beispielsweise gut dazu (Seite 22).

Für 2 Personen:

4 Eier
4 Tomaten
2 Bund Basilikum
3 EL Crème fraîche
nach Belieben 2 EL trockener Weißwein
120 g frisch geriebener Emmentaler oder mittelalter Gouda
1 TL kleine Kapern (aus dem Glas)
Salz · weißer Pfeffer
Cayennepfeffer

Vorbereitungszeit: 20 Min.
Garzeit: 4–6 Min.

Pro Portion ca.: 2090 kJ/500 kcal
31 g EW/35 g F/17 g KH

1 Die Eier in kochendem Wasser in 8 Min. wachsweich kochen, dann kalt abschrecken und abkühlen lassen.

2 Die Tomaten waschen und in dünne Scheiben schneiden, die Stielansätze dabei entfernen. Das Basilikum waschen und die Blättchen abzupfen. Die Eier schälen und mit einem Eierschneider in Scheiben schneiden.

3 Die Crème fraîche mit dem Weißwein, dem Käse und den abgetropften Kapern verrühren und mit Salz, Pfeffer und Cayennepfeffer abschmecken.

4 Das Raclettegerät anheizen. In die Pfännchen abwechselnd und dachziegelartig überlappend Ei- und Tomatenscheiben legen, mit Salz würzen und mit Basilikumblättchen belegen. Mit etwas Käsecreme bedecken und im heißen Gerät 6 Min. garen, bis die Käsecreme leicht gebräunt ist.
Dazu paßt frisches Weißbrot, aber auch Pellkartoffeln schmecken gut dazu.

VARIANTEN

Statt Basilikum können Sie auch Brunnenkresse oder Rucola nehmen. Die Tomaten lassen sich durch gehäutete Paprikastreifen (Seite 12) und blanchierte Spinat- oder Mangoldblätter ersetzen. Wer keine Eier mag, nimmt statt dessen Zucchini oder auch sehr dünn geschnittene Weißbrot- oder Vollkornbrotscheiben.

TIP!

Eier und Käsecreme können Sie schon am Vortag zubereiten. So müssen Sie vor dem Essen nur noch die Tomaten und das Basilikum vorbereiten.

Im Bild oben: Eier mit Tomaten und Käsecreme
Im Bild unten: Zwiebel-Raclette

Rosenkohl mit Ricotta-Nuß-Creme

● Vegetarisch
● Gelingt leicht

Für 2 Personen:
400 g Rosenkohl
Salz
1 EL Walnuß- oder Haselnußkerne
1/2 Bund Petersilie
1/2 unbehandelte Zitrone
150 g ungesalzener Ricotta
5 EL Milch
50 g frisch geriebener Pecorino oder Parmesan
weißer Pfeffer
1 Prise gemahlener Kreuzkümmel

Vorbereitungszeit: 25 Min.
Garzeit: 7-8 Min.

Pro Portion ca.: 1750 kJ/420 kcal
30 g EW/22 g F/33 g KH

1 Den Rosenkohl von den welken äußeren Blättern und dem Strunkende befreien und waschen. Die Röschen in sprudelnd kochendem Salzwasser 7 Min. blanchieren, kalt abschrecken und abtropfen lassen. Die Röschen dann in Scheiben schneiden oder vierteln.

2 Die Walnuß- oder Haselnußkerne mit einem großen, schweren Messer fein hacken. Die Petersilie waschen. Die Blättchen abzupfen und fein hacken. Beides mit dem Rosenkohl mischen und auf einem Teller anrichten.

3 Für die Käsecreme die Zitronenhälfte gründlich heiß waschen und abtrocknen. Die Schale fein abreiben, den Saft auspressen. Ricotta, Zitronenschale, 1-2 TL -saft, Milch und Käse verrühren, mit Salz, Pfeffer und Kreuzkümmel abschmecken.

4 Das Raclettegerät anheizen. Jeweils etwas Rosenkohl-Nuß-Mischung in die Pfännchen geben, mit Ricottacreme bedecken und im heißen Gerät 7-8 Min. garen, bis die Käsemasse leicht gebräunt ist.
Dazu passen Kartoffeln am besten. Als Getränk schmeckt ein Pils.

TIP!
Weichen, ungesalzenen Ricotta bekommen Sie im italienischen Feinkostgeschäft und in den Lebensmittelabteilungen großer Warenhäuser. Sie können ihn durch Doppelrahmfrischkäse ersetzen. Dann etwas mehr Milch unterrühren.

Safrannudeln mit Schinken

● Raffiniert
● Etwas teurer

Für 2 Personen:

150 g Bandnudeln
Salz
1 EL Butter
1 Döschen gemahlener Safran
50 g roh geräucherter Schinken (z.B. San Daniele)
2 Tomaten (etwa 150 g)
75 g Mozzarella
1 EL Crème fraîche
75 g frisch geriebener Parmesan oder Pecorino
1 Knoblauchzehe
weißer Pfeffer

Vorbereitungszeit: 30 Min.
Garzeit: 3-4 Min.

Pro Portion ca.: 2510 kJ/600 kcal
32 g EW/26 g F/60 g KH

1 Für die Nudeln reichlich Salzwasser zum Kochen bringen. Die Nudeln darin in 8 Min. bißfest garen, eiskalt abschrecken und sehr gut abtropfen lassen.

2 Die Butter in einer kleinen Pfanne schmelzen lassen. Den Safran darin unter Rühren auflösen. Die Nudeln untermischen, dann in eine Schüssel füllen.

3 Den Schinken eventuell vom Fettrand befreien, dann in schmale Streifen schneiden. Die Stielansätze der Tomaten entfernen. Die Tomaten mit kochendem Wasser überbrühen, häuten und vierteln. Dann klein würfeln, dabei einen Teil der Kerne entfernen.

4 Den Mozzarella in kleine Würfel schneiden. Mit den Tomaten, der Crème fraîche und dem geriebenen Käse verrühren. Den Knoblauch schälen und durch die Presse dazudrücken. Mit Salz und Pfeffer abschmecken.

5 Das Raclettegerät anheizen. Einige Nudeln mit Schinken mischen, in die Pfännchen geben, mit etwas Tomatencreme bedecken und im heißen Gerät 3-4 Min. garen. Dazu paßt ein kleiner Salat, zum Beispiel feiner Blattspinat mit einer Sauce aus Aceto Balsamico und Olivenöl.

VARIANTE

Statt Schinken können Sie Hähnchenbrustfilet oder auch Kalbsleber nehmen. Beides in sehr kleine Würfel schneiden und roh mit den Nudeln mischen.

Tomaten-Crostini

- Raffiniert
- Schnell

Statt auf Brot schmeckt die Mischung auch auf gegarten Kartoffelscheiben ganz ausgezeichnet.

Für 2 Personen:

3 Tomaten (etwa 300 g)
1 Bund Basilikum
6 Sardellenfilets
1 EL Kapern
10 schwarze Oliven
Salz · weißer Pfeffer
200 g Mozzarella
12 dünne Scheiben Weißbrot

Vorbereitungszeit: 15 Min.
Garzeit: 6-8 Min.

Pro Portion ca.: 2360 kJ/560 kcal
32g EW/31 g F/41 g KH

1 Die Tomaten waschen und klein würfeln, dabei die Stielansätze entfernen. Das Basilikum waschen. Die Blätter abzupfen, größere Blätter halbieren. Die Sardellenfilets kalt abspülen und trockentupfen, dann hacken. Kapern abtropfen lassen. Die Oliven in Streifen schneiden, entsteinen.

2 Tomaten, Basilikum, Sardellen, Kapern und Oliven mischen und mit Salz und Pfeffer abschmecken. Den Mozzarella in dünne Scheiben schneiden.

3 Das Raclettegerät anheizen. Je 1 Brotscheibe in ein Pfännchen legen. Mit etwas Tomatenmischung bedecken und mit Mozzarella belegen. Im heißen Gerät 6-8 Min. garen, bis das Brot knusprig und der Käse leicht gebräunt ist.

Rucola-Crostini

- Raffiniert
- Vegetarisch

Für 2 Personen:

6 getrocknete, in Öl eingelegte Tomaten
1 großes Bund Rucola
1 EL Pinienkerne
1 EL Pesto (aus dem Glas)
Salz
weißer Pfeffer
nach Belieben 1 getrocknete Chilischote
125 g Mozzarella
50 g frisch geriebener Pecorino
12 dünne Scheiben Weißbrot

Vorbereitungszeit: 15 Min.
Garzeit: 6-8 Min.

Pro Portion ca.: 3980 kJ/950 kcal
54 g EW/35 g F/125 g KH

1 Die Tomaten abtropfen lassen und in kleine Würfel oder feine Streifen schneiden. Den Rucola waschen und fein hacken. Beides mit den Pinienkernen und dem Pesto mischen und mit Salz und Pfeffer abschmecken. Nach Wunsch die Chilischote fein zerkrümeln und untermischen.

2 Den Mozzarella in kleine Würfel schneiden. Mit dem Pecorino mischen.

3 Das Raclettegerät anheizen. In die Pfännchen jeweils 1 Brotscheibe legen. Mit etwas Rucolamasse bedecken und mit Käse belegen. Die Brote im heißen Gerät 6-8 Min. garen, bis das Brot knusprig und der Käse gebräunt ist.

Im Mittelpunkt: Gemüse

Lauch mit Gorgonzola

- Preiswert
- Gelingt leicht

Für 2 Personen:
1 Stange Lauch
1 Stück Knollensellerie (250 g)
Salz
1 kleiner säuerlicher Apfel
1 EL Zitronensaft
1 EL Walnußkerne
weißer Pfeffer
frisch geriebene Muskatnuß
150 g Gorgonzola

Vorbereitungszeit: 15 Min.
Garzeit: 8 Min.

Pro Portion ca.: 1430 kJ/340 kcal
16 g EW/24 g F/17 g KH

1 Den Lauch putzen und gründlich waschen. Die weißen und hellgrünen Teile in feine Streifen schneiden. Den Sellerie schälen und in feine Streifen schneiden.

2 Lauch und Sellerie in kochendem Salzwasser 3 Min. blanchieren, abschrecken und abtropfen lassen. Den Apfel schälen, vierteln und vom Kerngehäuse befreien. In feine Schnitze schneiden und mit dem Zitronensaft beträufeln. Die Walnußkerne fein hacken.

3 Lauch, Sellerie, Apfel und Nüsse mischen, mit Salz, Pfeffer und Muskat abschmecken. Gorgonzola würfeln.

4 Raclettegerät anheizen. In die Pfännchen etwas Lauchmischung geben, mit einigen Gorgonzolawürfeln belegen und 8 Min. garen.
Dazu schmecken Pellkartoffeln oder Brot.

Radicchio mit Roquefort

- Vegetarisch
- Schnell

Für 2 Personen:
1 Kopf Radicchio (etwa 280 g)
Salz
1 Prise Zucker
1 saftige Birne
1 EL Zitronensaft
175 g Roquefort
100 g Sahne
weißer Pfeffer

Vorbereitungszeit: 15 Min.
Garzeit: 5-7 Min.

Pro Portion ca.: 2200 kJ/530 kcal
22 g EW/40 g F/23 g KH

1 Den Radicchio von den äußeren Blättern befreien, waschen und vierteln. Salzwasser mit Zucker zum Kochen bringen. Den Radicchio darin 2 Min. blanchieren. Dann eiskalt abschrecken, gut abtropfen lassen und in die einzelnen Blätter teilen. Auf einen Teller legen.

2 Die Birne vierteln, schälen und vom Kerngehäuse befreien. Dann in feine Schnitze schneiden. Mit dem Zitronensaft mischen, damit sie sich nicht zu stark verfärben.

3 Roquefort mit einer Gabel zerdrücken, die Sahne untermischen. Mit Pfeffer abschmecken.

4 Das Raclettegerät anheizen. In die Pfännchen einige Radicchioblätter und Birnenschnitze geben, mit etwas Roquefortcreme bedecken und im heißen Gerät 5-7 Min. garen.
Dazu schmeckt Brot ebenso gut wie Kartoffeln.

Gemüse mit Pistazienhaube

● Vegetarisch
● Raffiniert

Wer nicht rein vegetarisch essen möchte, mischt Schinken oder Thunfisch unter das Gemüse. Auch einige feingehackte Sardellen geben eine pikante Note!

Für 2 Personen:

200 g Spinat
1 Stange Lauch
Salz
100 g Cocktailtomaten
100 g kleine Champignons
1 kleine rote Paprikaschote
1 kleine Fenchelknolle
50 g Pistazienkerne
200 g Schafkäse (Feta)
75 g Sahne
1 Knoblauchzehe
weißer Pfeffer

Vorbereitungszeit: 30 Min.
Garzeit: 6–8 Min.

Pro Portion ca.: 2220 kJ / 530 kcal
24 g EW / 41 g F / 24 g KH

1 Den Spinat verlesen, von den dicken Stielen befreien und in stehendem kaltem Wasser mehrmals gründlich waschen. Den Lauch putzen, längs aufschneiden, gründlich waschen und mit dem zarten Grün in sehr feine Streifen schneiden.

2 In einem großen Topf reichlich Salzwasser zum Kochen bringen. Den Spinat darin 1 Min. blanchieren, mit einem Schaumlöffel herausheben, eiskalt abschrecken und abtropfen lassen.

3 Den Lauch im selben Wasser ebenfalls 1 Min. blanchieren, abschrecken und abtropfen lassen.

4 Tomaten und Pilze waschen bzw. mit Küchenpapier sauber abreiben und halbieren. Den Backofen auf 250° vorheizen. Die Paprikaschote waschen, putzen und der Länge nach halbieren.

5 Die Paprikahälften mit den Schnittflächen nach unten auf ein Backblech legen und im Backofen (Mitte, Umluft 220°) 15 Min. backen, bis die Haut Blasen wirft und gebräunt ist. Die Schotenhälften herausnehmen, mit einem feuchten Tuch bedecken und kurz abkühlen lassen. Dann die Haut abziehen und die Hälften in Streifen schneiden.

6 Den Fenchel waschen, von allen welken Stellen befreien und der Länge nach halbieren. Den Strunk keilförmig herausschneiden. Den Fenchel auf dem Gurkenhobel in feine Streifen schneiden.

7 Das Gemüse getrennt in kleinen Schälchen anrichten.

8 Für die Sauce die Pistazien in einer trockenen Pfanne bei mittlerer Hitze unter Rühren anrösten, bis sie würzig duften. Dann herausnehmen und etwas abkühlen lassen. In der Mandelmühle oder der Küchenmaschine fein zerkleinern.

9 Den Schafkäse mit einer Gabel sehr fein zerdrücken und mit der Sahne cremig rühren. Den Knoblauch schälen und durch die Presse dazudrücken. Die Pistazien untermischen und die Creme mit Salz und Pfeffer abschmecken.

10 Das Raclettegerät anheizen. In die Pfännchen jeweils etwas Gemüse geben - gemischt oder einzeln - mit Sauce bestreichen und im heißen Gerät 6–8 Min. garen. Dazu passen frisches Weißbrot oder Kartoffeln, aber auch Reis schmeckt gut dazu.

TIP!

Bei allen Raclettegerichten sollten Sie beim Würzen bedenken, daß die meisten Käsesorten salzig sind. Also beim Salzen der übrigen Zutaten eher vorsichtig sein!

Paprikastreifen mit Knoblauchwurst

● Würzig
● Preiswert

Für 2 Personen:
je 1 große rote und gelbe Paprikaschote
2 Frühlingszwiebeln
einige Zweige frischer Thymian (ersatzweise 1 TL getrockneter)
1 Knoblauchwurst (etwa 150 g)
150-200 g mittelalter Gouda oder Raclettekäse

Vorbereitungszeit: 30 Min.
Garzeit: 5-6 Min.

Pro Portion ca.: 2480 kJ/590 kcal
40 g EW/43 g F/12 g KH

1 Den Backofen auf 250° vorheizen. Die Paprikaschoten halbieren, waschen und putzen.

2 Die Schotenhälften mit den Schnittflächen nach unten auf ein Backblech legen und im heißen Ofen (Mitte, Umluft 220°) etwa 15 Min. backen, bis die Haut Blasen wirft und gebräunt ist. Die Schotenhälften herausnehmen, mit einem feuchten Tuch bedecken und kurz abkühlen lassen. Dann die Haut abziehen und die Paprikaschoten in feine Streifen schneiden.

3 Die Frühlingszwiebeln putzen, sehr gründlich waschen und mit dem zarten Grün in feine Ringe schneiden. Den Thymian waschen und die Blättchen von den Stielen streifen. Die Wurst in etwa 1/2 cm dicke Scheiben schneiden. Den Käse entrinden und in dünne Scheiben schneiden oder klein würfeln.

4 Alles auf Tellern oder in Schälchen anrichten. Das Raclettegerät anheizen. In die Pfännchen einige Paprikastreifen mit Thymian und Zwiebelröllchen legen, mit Wurstscheiben und Käse belegen. Im heißen Gerät 5-6 Min. backen, bis der Käse zerlaufen und leicht gebräunt ist.
Dazu passen Pellkartoffeln oder kräftiges Bauernbrot. Ebenfalls köstlich dazu: ein frischer Tomaten- oder Gurkensalat.

> **TIP!**
> Schneller geht es natürlich mit ungehäuteten Paprikaschoten. Sie bleiben allerdings in der kurzen Garzeit ziemlich knackig.

Auberginen-Mais mit Joghurthaube

● Raffiniert
● Gelingt leicht

Für 2 Personen:
1 kleine Aubergine (etwa 250 g)
3-4 EL Olivenöl
1 Knoblauchzehe
1 Bund Petersilie
Salz
weißer Pfeffer
100 g Schweinemett
1 Glas Gemüsemais (340 g Inhalt)
200 g Vollmilchjoghurt
100 g frisch geriebener mittelalter Gouda
Cayennepfeffer

Vorbereitungszeit: 20 Min.
Garzeit: 7-8 Min.

Pro Portion ca.: 3090 kJ/740 kcal
34 g EW/47 g F/54 g KH

1 Die Aubergine waschen, abtrocknen und in kleine Würfel schneiden, dabei vom Blütenansatz befreien.

2 Das Olivenöl in einer Pfanne erhitzen. Die Auberginenwürfel darin bei mittlerer Hitze rundherum schön braun braten, dann herausnehmen. Den Knoblauch schälen und fein hacken. Die Petersilie waschen. Die Blättchen abzupfen und fein zerkleinern. Aubergine, Knoblauch und Petersilie mischen und mit Salz und Pfeffer abschmecken. Das Schweinemett ebenfalls würzen. Mais abtropfen lassen.

3 Joghurt und Käse gründlich verquirlen. Mit Pfeffer und Cayennepfeffer würzig abschmecken.

4 Das Raclettegerät anheizen. In die Pfännchen jeweils einige Auberginenwürfel, etwas Schweinemett und Mais geben, mit Joghurtsauce bedecken und 7-8 Min. im heißen Gerät garen. Dazu schmecken Kartoffeln am besten, aber auch Brot ist geeignet. Als Getränk paßt Bier oder auch Rotwein, z.B. ein Merlot.

Im Bild oben: Auberginen-Mais mit Joghurthaube
Im Bild unten: Paprikastreifen mit Knoblauchwurst

Salbei-Pilze

- Vegetarisch
- Schnell

Für 2 Personen:

1 Knoblauchzehe
1/2 unbehandelte Zitrone
10–20 Salbeiblättchen
nach Belieben 1 kleine
getrocknete Chilischote
1 EL Olivenöl
Salz · weißer Pfeffer
400 g Champignons oder
Egerlinge
150 g Gorgonzola

Vorbereitungszeit: 15 Min.
Garzeit: 6–8 Min.

Pro Portion ca.: 1600 kJ/380 kcal
20 g EW/28 g F/17 g KH

1 Den Knoblauch schälen und sehr fein hacken. Die Zitronenhälfte heiß waschen und abtrocknen. Die Schale dünn abschälen und fein hacken, den Saft auspressen. Den Salbei waschen und in Streifen schneiden. Die Chilischote fein zerkrümeln. Alles mit dem Öl mischen, salzen und pfeffern.

2 Die Pilze putzen und in feine Scheiben schneiden. Mit der Knoblauch-Salbei-Marinade mischen. Den Gorgonzola würfeln.

3 Das Raclettegerät anheizen. In die Pfännchen einige Pilze geben, mit Käsewürfeln belegen und im heißen Gerät 6–8 Min. garen.

Kartoffeln mit Tomaten

- Preiswert
- Gelingt leicht

Für 2 Personen:

500 g vorwiegend
festkochende Kartoffeln
1 kleine Dose geschälte
Tomaten (400 g Inhalt)
1 Knoblauchzehe
1 Bund Basilikum
1 Bund Petersilie
je einige Zweige frischer
Rosmarin und Salbei
1 TL Kapern
Salz · weißer Pfeffer
1 Prise Zucker
250 g Raclettekäse in
dünnen Scheiben

Vorbereitungszeit: 30–40 Min.
Garzeit: 8 Min.

Pro Portion ca.: 3190 kJ/760 kcal
49 g EW/37 g F/67 g KH

1 Die Kartoffeln waschen und in 20–30 Min. garen. Ausdämpfen lassen, schälen und in 1 cm dicke Scheiben schneiden.

2 Die Tomaten abtropfen lassen und fein hacken. Den Knoblauch schälen und dazupressen. Die Kräuter waschen und fein hacken. Mit den Kapern unter die Tomaten mischen, mit Salz, Pfeffer und Zucker würzen.

3 In die Pfännchen einige Kartoffelscheiben legen, die Tomaten und Käse darüber verteilen. Im heißen Gerät 8 Min. garen.

Kartoffeln mit Pilzen

- Etwas teurer
- Raffiniert

Für 2 Personen:

30 g getrocknete
Steinpilze
500 g vorwiegend
festkochende Kartoffeln
1 Knoblauchzehe
1/2 Bund Basilikum
1 EL Crème fraîche
Salz · weißer Pfeffer
250 g Mozzarella

Vorbereitungszeit: 35 Min.
Garzeit: 8 Min.

Pro Portion ca.: 2610 kJ/620 kcal
33 g EW/34 g F/49 g KH

1 Pilze in lauwarmem Wasser 30 Min. einweichen. Kartoffeln waschen, in der Schale 20–30 Min. kochen. Knoblauch schälen, fein hacken. Das Basilikum waschen. Die Blättchen in Streifen schneiden.

2 Die Pilze abtropfen lassen und würfeln. Mit Knoblauch, Basilikum und Crème fraîche mischen, salzen und pfeffern. Den Mozzarella in Scheiben schneiden. Die Kartoffeln schälen und in 1 cm dicke Scheiben schneiden.

3 In die Pfännchen einige Kartoffelscheiben legen, mit Pilzmasse und Käse bedecken. Im heißen Gerät 8 Min. garen.

Grüner Spargel mit Lachs

- Etwas teurer
- Raffiniert

Für 2 Personen:

500 g grüner Spargel
Salz
1 Tomate
100 g Räucherlachs
1 EL Zitronensaft
150 g Doppelrahm-
frischkäse
5 EL saure Sahne
1 Ei
2 TL Meerrettich (aus
dem Glas)
weißer Pfeffer
Kerbelblättchen oder
Dillspitzen zum Garnieren

Vorbereitungszeit: 25 Min.
Garzeit: 7–8 Min.

Pro Portion ca.: 1990 kJ/480 kcal
22 g EW/38 g F/14 g KH

1 Den Spargel waschen, im unteren Drittel schälen und die Enden abschneiden. Die Spargelstangen in 5 cm lange Stücke schneiden. Salzwasser zum Kochen bringen. Die Spargelstücke darin 4 Min. blanchieren, dann abschrecken und gründlich abtropfen lassen.

2 Die Tomate waschen und klein würfeln, dabei den Stielansatz entfernen. Den Lachs in feine Streifen schneiden. Mit dem Zitronensaft mischen.

3 Frischkäse, saure Sahne, Ei und Meerrettich mischen, salzen und pfeffern.

4 In die Pfännchen etwas Spargel, Tomate und Lachs geben. Mit Frischkäsecreme bedecken und im heißen Gerät 7–8 Min. garen. Mit Kerbelblättchen oder Dillspitzen garnieren.

Von oben: Kartoffeln mit Pilzen, Kartoffeln mit Tomaten, Salbei-Pilze, Grüner Spargel mit Lachs

Hauptsache: Fleisch und Geflügel

Ein Raclette läßt sich mit den unterschiedlichsten Zutaten auf immer neue Art zubereiten. Aber ohne eine Zutat gelingt fast keines der Gerichte - nämlich ohne den richtigen Käse.

Traditionell: Käse aus dem Schweizer Wallis

Raclettekäse wird zu etwa 14% in seinem Ursprungsgebiet, dem Wallis, hergestellt. Man bekommt den Käse aber auch aus anderen Gegenden der Schweiz und aus Frankreich. Der Name kommt vom Französischen »racler«, was soviel heißt wie schaben. Daß das Gericht und der Käse diesen Namen bekamen, erklärt sich ganz leicht, denn früher und teilweise auch heute noch wurde und wird das traditionsreiche Gericht sehr ursprünglich zubereitet: Halbierte Käselaibe werden in spezielle Racletteöfen gelegt oder am offenen Feuer zum Schmelzen gebracht. Die obere, flüssige Schicht des Käses wird dann jeweils abgeschabt.
Man unterscheidet in der Schweiz Raclettekäse und Walliser Raclettekäse. Raclettekäse kann sowohl aus roher wie auch aus pasteurisierter Milch hergestellt werden und hat einen Fettgehalt von mindestens 45%. Walliser Raclettekäse dagegen wird immer aus Rohmilch gemacht und bringt es auf mindestens 50% Fettgehalt. Er ist außerdem etwas aromatischer, da er frühestens nach 90 Tagen in den Handel kommt, einfacher Raclettekäse wird dagegen schon nach 60 Tagen angeboten. Auch aus Frankreich kommt guter Raclettekäse, außerdem eine geräucherte Variante, die aber nicht jedermanns Sache ist.

Hartkäse

Statt Raclettekäse kann man durchaus auch andere gut schmelzende Käse für die Gerichte in diesem Buch nehmen. Gut schmecken beispielsweise Greyerzer und Appenzeller, beides sehr würzige Käse. Sie werden aus Rohmilch mit mindestens 50% Fett hergestellt. Vergleichbar gut sind andere Hartkäse, z.B. Bergkäse oder mittelalter Pecorino. Ebenfalls gut schmelzend und aromatisch: mittelalter oder ausgereifter Gouda, Fontina und Cheddar.

Hauptsache: Fleisch und Geflügel

Weichkäse

Edelpilzkäse wie Gorgonzola – den es mild und kräftig gibt – und Roquefort schmelzen nicht nur ausgezeichnet, sie geben den Gerichten auch ein besonderes Aroma. Zarter werden die Gerichte mit einem milden Butterkäse oder auch mit Camembert, der ebenfalls gut schmilzt.
Besonders mild und gut schmelzend ist Mozzarella, den man vor allem aus Kuhmilch überall kaufen kann. Inzwischen wird bereits in manchen Supermärkten Mozzarella aus Büffelkuhmilch angeboten, der wesentlich aromatischer schmeckt. Nicht so geeignet ist Parmesan, denn der schmilzt nicht gut, sondern bleibt trocken und wird beim Überbacken fest. Besser schmilzt er in Verbindung mit Fett, man kann ihn also mit Butter oder Öl belegen, beziehungsweise beträufeln.

Käse kaufen

Da er im Mittelpunkt des Raclette-Essens steht, muß er natürlich von guter Qualität sein. Am besten, Sie kaufen den Käse in einem speziellen Käsegeschäft, denn da werden Sie auch gut über Alternativen beraten, wenn es die Sorte, die Sie haben wollten, mal nicht gibt. Hände weg von Käse mit angetrockneten Rändern oder angelaufenen Schnittflächen. Keinesfalls sollten Sie Käse aus der Folie nehmen.

Käse vorbereiten

Wollen Sie den Käse gerieben verwenden, gibt es im Handel zahlreiche unterschiedliche Käsereiben. Informieren Sie sich am besten im Haushaltwarengeschäft und achten Sie vor allem darauf, daß sich die Reibe zum Reinigen gut auseinandernehmen läßt.
Wollen Sie den Käse dagegen in Scheiben schneiden, bitten Sie am besten den Käsehändler darum. Wenn Sie es lieber selbst machen wollen, legen Sie den Käse vorher 45 Minuten ins Tiefkühlgerät.

Raclette aus dem Vorrat

Raclette eignet sich ideal für die Bewirtung von unangemeldeten, hungrigen Gästen. Käse läßt sich nämlich wunderbar einfrieren und taut in kurzer Zeit wieder auf.
Lassen Sie sich den Käse dafür vom Händler in knapp 1/2 cm dicke Scheiben schneiden. Zu Hause dann jeweils ein Stück Klarsichtfolie zwischen die Scheiben legen, alles gut verpacken und einfrieren.
Perlzwiebeln und Gewürzgurken können Sie ebenfalls immer im Vorrat haben und auch Kartoffeln lassen sich an einem kühlen, trockenen und dunklen Ort gut lagern. Wer Variationen schon vorher einplant, hat eine Dose Thunfisch im eigenen Saft, luftgetrocknete Salami, stückige Tomaten, Peperoni im Glas und eventuell getrocknete Steinpilze im Vorratsschrank.

Von links nach rechts: Raclettekäse, Gorgonzola, Camembert, Gruyère (Greyerzer), Mozzarella, Butterkäse, Cheddar, Appenzeller.

Chicorée mit Schinken und grünem Pfeffer

- Raffiniert
- Preiswert

Für 2 Personen:

3-4 Stauden Chicorée
1 Tomate
100 g gekochter Schinken
1 Bund Schnittlauch
100 g Doppelrahm-frischkäse
75 g Sahne
100 g frisch geriebener mittelalter Gouda
1 EL grüne Pfefferkörner (aus dem Glas)
Salz
1 Prise Cayennepfeffer

Vorbereitungszeit: 20 Min.
Garzeit: 6-7 Min.

Pro Portion ca.: 2620 kJ / 630 kcal
28 g EW / 48 g F / 24 g KH

1 Den Chicorée waschen und, falls nötig, die äußeren Blätter entfernen. Den bitteren Strunk aus der Mitte keilförmig herausschneiden. Den Chicorée in Streifen schneiden.

2 Die Tomate waschen und würfeln, dabei den Stielansatz entfernen. Den Schinken vom Fettrand befreien, dann klein würfeln. Den Schnittlauch waschen und in Röllchen schneiden.

3 Den Frischkäse mit der Sahne und dem Gouda verrühren. Die Pfefferkörner abtropfen lassen und mit dem Schnittlauch unter die Käsecreme mischen. Mit Salz und Cayennepfeffer kräftig abschmecken.

4 Das Raclettegerät anheizen. In die Pfännchen etwas Chicorée, Schinken und Tomaten geben, mit Pfeffercreme bedecken und 6-7 Min. garen, bis die Käsecreme leicht gebräunt ist.
Dazu schmecken Kartoffeln, Vollkornbrötchen oder Reis. Als Getränk paßt Pils am besten.

VARIANTEN

Wem Chicorée zu bitter ist, nimmt statt dessen Chinakohl.
Ebenfalls köstlich schmeckt blanchierter Blattspinat oder sehr fein gehackter Rucola.

Strudelteigröllchen mit Mangold und Brät

- Würzig
- Raffiniert

Für 2 Personen:

300 g Mangold
Salz
1 EL saure Sahne
1 Packung fertiger Strudelteig (100 g)
2 Frühlingszwiebeln
1 kleine Tomate
1 Bund Schnittlauch
150 g Kalbsbrät
weißer Pfeffer
Paprika, edelsüß
150 g Gouda oder Bergkäse in dünnen Scheiben

Vorbereitungszeit: 35 Min.
Garzeit: 8–10 Min.

Pro Portion ca.: 3310 kJ/790 kcal
36 g EW/52 g F/37 g KH

1 Den Mangold waschen, abtropfen lassen und grob hacken. Reichlich Salzwasser zum Kochen bringen. Den Mangold darin 1 Min. sprudelnd kochen lassen, kalt abschrecken und sehr gut abtropfen lassen. Mit der sauren Sahne mischen und mit Salz abschmecken.

2 Den Strudelteig aus der Packung nehmen und in 16 Stücke von je etwa 8 cm Kantenlänge teilen. Die Frühlingszwiebeln putzen, sehr gründlich waschen und mit dem zarten Grün fein hacken. Die Tomate waschen und sehr klein würfeln, dabei den Stielansatz herausschneiden. Den Schnittlauch waschen und in feine Röllchen schneiden.

3 Kalbsbrät, Tomate, Frühlingszwiebeln und Schnittlauch mischen und mit Pfeffer und Paprikapulver abschmecken. Diese Masse dünn auf den Strudelteigstücken verteilen, dabei einen kleinen Rand lassen. Die Teigstücke aufrollen und auf einem Teller anrichten.

4 Das Raclettegerät anheizen. In die Pfännchen etwas Mangold geben und mit 1–2 Strudelteigröllchen belegen. Die Röllchen im heißen Gerät 2 Min. garen, dann mit 1 Käsescheibe bedecken und weitere 6–8 Min. garen, bis der Käse geschmolzen und gebräunt ist.
Dazu passen Brot und Tomatensalat mit Basilikum besonders gut.

VARIANTE

Schneller geht es, wenn Sie statt Mangold tiefgekühlten Blattspinat nehmen. Diesen schon morgens aus der Packung nehmen und in einem Sieb auftauen lassen.

Spinat mit Kalbfleisch

- 🟢 Gelingt leicht
- 🔵 Etwas teurer

Für 2 Personen:

300 g tiefgekühlter Blattspinat
1/2 unbehandelte Zitrone
1 Knoblauchzehe
6 getrocknete, in Öl eingelegte Tomaten
1 EL Crème fraîche
Salz
300 g Kalbsfilet
Pfeffer
250 g Mozzarella

Auftauzeit: 8 Std.
Vorbereitungszeit: 25 Min.
Garzeit: 6-7 Min.

Pro Portion ca.: 4280 kJ/1020 kcal
74 g EW/46 g F/100 g KH

1 Den Spinat in ein Sieb geben und in 8 Std. auftauen lassen.

2 Dann die Zitronenhälfte waschen, abtrocknen und die Schale fein abreiben. Den Saft auspressen. Den Knoblauch schälen und durch die Presse drücken. Die Tomaten abtropfen lassen und in feine Streifen schneiden. Den Spinat mit zwei Gabeln auseinanderpflücken und mit Zitronenschale, 1/2 EL -saft, Knoblauch, Crème fraîche und Tomatenstreifen mischen. Mit Salz abschmecken.

3 Das Kalbsfilet zuerst in dünne Scheiben, dann in Streifen schneiden. Mit Salz und Pfeffer würzen. Den Mozzarella abtropfen lassen und in dünne Scheiben schneiden oder sehr fein würfeln.

4 Das Raclettegerät anheizen. In die Pfännchen zuerst etwas Spinat geben, diesen mit einigen Fleischstreifen belegen. Den Mozzarella darüber verteilen und alles in 6-7 Min. garen.
Dazu paßt am besten frisches Stangenweißbrot.

VARIANTE

Den Spinat wie beschrieben auftauen lassen und mit Zitronenschale, Knoblauch und 1/2 TL zerdrückten Fenchelsamen würzen. Statt Kalbfleisch 300 g Artischockenböden (am besten aus dem Feinkostgeschäft) je nach Größe halbieren oder vierteln. Mit dem Spinat in die Pfännchen geben und mit Mozzarella oder Fontina überbacken.

TIP!

Mozzarella läßt sich sogar reiben, wenn Sie ihn aus der Packung nehmen und in Folie verpackt 1 Std. ins Tiefkühlgerät legen.

Hackfleischtaler mit Raclettekäse

- 🟢 Gelingt leicht
- 🟡 Würzig

Für 2 Personen:

1 große Gewürzgurke
3 Frühlingszwiebeln
1/2 Bund Petersilie
250 g Rinderhackfleisch
1 kleines Ei
Salz
weißer Pfeffer
Paprika, edelsüß
150 g Egerlinge
1 EL Zitronensaft
200 g Raclettekäse in Scheiben

Vorbereitungszeit: 15 Min.
Garzeit: 7 Min.

Pro Portion ca.: 3230 kJ/770 kcal
57 g EW/52 g F/21 g KH

1 Für die Fleischtaler die Gewürzgurke sehr fein hacken. Die Frühlingszwiebeln putzen, sehr gründlich waschen und mit dem zarten Grün möglichst fein hacken. Die Petersilie waschen. Die Blättchen abzupfen und fein hacken.

2 Das Hackfleisch mit Ei, Gurke, Frühlingszwiebeln, Petersilie, Salz, Pfeffer und Paprikapulver zu einem formbaren Teig verkneten. Zu walnußgroßen Bällchen formen und diese zu Talern abflachen. Bis zum Servieren auf einem Teller zugedeckt kalt stellen.

3 Die Pilze putzen und in feine Scheiben schneiden. Mit dem Zitronensaft beträufeln, damit sie sich nicht zu stark verfärben.

4 Das Raclettegerät anheizen. In die Raclettepfännchen einige Pilzscheiben legen. Jeweils 1 Fleischtaler daraufgeben und mit 1 Käsescheibe bedecken. Im Raclettegerät 7 Min. garen.
Dazu passen am besten kleine festkochende Kartoffeln, außerdem Silberzwiebeln oder in Aceto Balsamico eingelegte Zwiebeln (Seite 58). Als Getränk schmeckt am besten ein Riesling oder ein Veltliner.

VARIANTE

Statt Rinderhack schmeckt auch sehr fein gewürfeltes Geflügel- oder Lammfleisch. Die Pilze können Sie durch Fenchel - blanchiert und in feine Streifen geschnitten - ersetzen.

Im Bild oben: Spinat mit Kalbfleisch
Im Bild unten: Hackfleischtaler mit Raclettekäse

Bratwürste mit Rucola

● Raffiniert
● Gelingt leicht

Für 2 Personen:

300 g rohe Kalbsbratwürstchen
1 kleine rote Paprikaschote
1 Bund Rucola
1 Bund Basilikum
200 g Mozzarella
1 Knoblauchzehe
2 TL Pesto (aus dem Glas)
1 TL grüne Pfefferkörner (aus dem Glas)
Salz · weißer Pfeffer
Paprika, rosenscharf

Vorbereitungszeit: 15 Min.
Garzeit: 7–8 Min.

Pro Portion ca.: 3560 kJ/850 kcal
45 g EW/69 g F/13 g KH

1 Die Bratwürstchen in etwa 2 cm lange Stücke schneiden. Die Paprikaschote waschen, halbieren, putzen und sehr fein würfeln. Rucola und Basilikum waschen und fein hacken. Mit den Paprikawürfeln mischen.

2 Den Mozzarella abtropfen lassen und würfeln. Den Knoblauch schälen und dazupressen, Pesto und grüne Pfefferkörner untermischen. Die Käsemischung und die Paprikamischung mit Salz, Pfeffer und Paprika abschmecken.

3 Das Raclettegerät anheizen. In die Pfännchen jeweils einige Wurststücke und etwas Paprikamischung geben. Mit etwas Mozzarellamasse belegen und im heißen Gerät 7–8 Min. garen. Dazu paßt am besten Brot.

Filet mit Zitronensauce

● Raffiniert
● Etwas teurer

Für 2 Personen:

300 g Rinderfilet
1 Fenchelknolle · Salz
4–5 Zweige frische Minze
1 Knoblauchzehe
150 g Crème fraîche
Saft und Schale von 1/2 unbehandelten Zitrone
weißer Pfeffer
200 g frisch geriebener Greyerzer oder Appenzeller

Vorbereitungszeit: 35 Min.
Garzeit: 6–7 Min.

Pro Portion ca.: 4380 kJ/1050 kcal
56 g EW/88 g F/8 g KH

1 Das Filet in Folie wickeln und 30 Min. ins Tiefkühlgerät legen.

2 Den Fenchel waschen, putzen, vierteln und vom harten Strunk befreien. In kochendem Salzwasser 4 Min. blanchieren, abschrecken und abtropfen lassen. Quer in feine Streifen schneiden.

3 Die Minze waschen und die Blättchen fein hacken. Den Knoblauch schälen und durch die Presse drücken.

4 Crème fraîche, Zitronenschale und 2 TL -saft, Knoblauch, Minze und Fenchel verrühren, salzen und pfeffern. Das Filet in möglichst dünne Scheiben schneiden.

5 Das Raclettegerät anheizen. In die Pfännchen etwas Fenchelmasse geben, mit Rinderfiletscheiben belegen. Mit Käse bestreuen und im heißen Gerät 6–7 Min. garen.

Hauptsache: Fleisch und Geflügel

Kalbsleber mit Trauben

● Raffiniert
● Gelingt leicht

Für 2 Personen:

350 g Kalbsleber
150 g kernlose helle Trauben
1 Bund Frühlingszwiebeln
1 EL Zitronensaft
1 EL trockener Sherry (ersatzweise Kalbsfond aus dem Glas)
Salz
weißer Pfeffer
1 Prise Curry
150–200 g würziger Bergkäse oder Appenzeller in dünnen Scheiben

Vorbereitungszeit: 15 Min.
Garzeit: 8–10 Min.

Pro Portion ca.: 2790 kJ/670 kcal
61 g EW/35 g F/23 g KH

1 Die Kalbsleber waschen, trockentupfen und in feine Streifen schneiden. Die Trauben waschen und halbieren. Die Frühlingszwiebeln putzen, gründlich waschen und mit dem zarten Grün in feine Ringe schneiden.

2 Leber, Trauben, Zwiebelringe, Zitronensaft und Sherry mischen und mit Salz, Pfeffer und Curry abschmecken.

3 Das Raclettegerät anheizen. In die Pfännchen jeweils etwas von der Lebermischung geben und mit 1 Käsescheibe bedecken. Im heißen Gerät 8–10 Min. garen, bis der Käse geschmolzen und leicht gebräunt ist. Dazu passen Kartoffelpüree, Pellkartoffeln oder Stangenweißbrot.

Hähnchen mit Preiselbeeren

● Gelingt leicht
● Schnell

Für 2 Personen:

300 g Hähnchenbrustfilets
150 g Austernpilze
1 Bund Schnittlauch
1 unbehandelte Orange
3 EL Preiselbeeren (aus dem Glas)
Salz · weißer Pfeffer
1 Prise gemahlener Kümmel
200 g reifer Camembert

Vorbereitungszeit: 15 Min.
Garzeit: 10 Min.

Pro Portion ca.: 2000 kJ/480 kcal
50 g EW/26 g F/11 g KH

1 Die Hähnchenbrustfilets kalt abspülen, trockentupfen und in feine Streifen schneiden. Die Austernpilze putzen, von den zähen Stielen befreien und in Streifen schneiden. Den Schnittlauch waschen und in feine Röllchen schneiden. Die Orange heiß abwaschen, dann abtrocknen. Die Schale abreiben, den Saft auspressen.

2 Hähnchen, Pilze, Schnittlauch und Orangenschale mischen, salzen und pfeffern. Die Preiselbeeren mit 2–3 EL Orangensaft verrühren und mit dem Kümmel würzen. Den Camembert in dünne Scheiben schneiden.

3 Das Raclettegerät anheizen. In die Pfännchen etwas Hähnchenmischung geben, mit Preiselbeeren beträufeln und mit Camembert belegen. Im heißen Gerät in 10 Min. überbacken. Dazu paßt Brot.

Hähnchen mit Zuckerschoten und Mango

● Etwas teurer
● Gelingt leicht

Für 2 Personen:
100 g Zuckerschoten
50 g frische Sojabohnensprossen
Salz
250 g Hähnchenbrustfilets
weißer Pfeffer
Cayennepfeffer
1/2 Mango
1 EL Zitronensaft
50 g Cocktailtomaten
1 kleine Zwiebel
200 ml Kokosmilch (aus der Dose; Asienladen)
1 EL Sesamsamen
1 EL Sojasauce
einige Zweige frischer Koriander oder frisches Basilikum

Vorbereitungszeit: 30 Min.
Garzeit: 8–10 Min.

Pro Portion ca.: 1910 kJ / 460 kcal
32 g EW / 30 g F / 20 g KH

1 Die Zuckerschoten waschen und putzen. Die Sojasprossen in einem Sieb kalt abspülen und gut abtropfen lassen.

2 Reichlich Salzwasser zum Kochen bringen. Zuckerschoten und Sojasprossen darin 2 Min. blanchieren, dann kalt abschrecken und abtropfen lassen. In einem Schälchen anrichten.

3 Die Hähnchenbrustfilets in feine Scheiben schneiden. Mit Salz, Pfeffer und Cayennepfeffer würzen. Die Mango schälen und das Fruchtfleisch in kleinen Schnitzen vom Stein schneiden. Mit dem Zitronensaft beträufeln. Die Tomaten waschen und halbieren.

4 Die Zwiebel schälen und grob zerkleinern. Mit der Kokosmilch im Mixer fein pürieren. Den Sesam unterrühren, die Sauce mit der Sojasauce würzen. Den Koriander waschen, trockentupfen und die Blättchen abzupfen.

5 Das Raclettegerät vorheizen. In die Pfännchen etwas Gemüse, Mango und Fleisch geben, mit einigen Korianderblättchen bestreuen und mit Kokos-Sesam-Creme bedecken. Im heißen Gerät 8–10 Min. garen, bis das Hähnchenfleisch durch ist.
Dazu passen Reis oder auch asiatische Nudeln.

Entenstreifen auf Fladen

● Raffiniert
● Gelingt leicht

Für 2 Personen:
1 Entenbrustfilet (etwa 350 g)
200 g Mehl
Salz
2-3 Bund Frühlingszwiebeln
1/2 rote Paprikaschote
4 EL thailändische süß-sauer-scharfe Sauce (Asienladen)
3-4 EL Geflügelfond (aus dem Glas; ersatzweise Wasser)
1 EL Sonnenblumenöl zum Backen

Vorbereitungszeit: 50 Min.
Garzeit: 6–10 Min.

Pro Portion ca.: 2720 kJ / 650 kcal
44 g EW / 15 g F / 81 g KH

1 Die Entenbrust in Alufolie wickeln und 45 Min. ins Tiefkühlgerät legen, damit sie sich besser schneiden läßt.

2 Für die Fladen das Mehl, etwa 80 ml heißes Wasser und 1 kräftige Prise Salz zu einem glatten, geschmeidigen Teig verkneten. Den Teig in ein Tuch wickeln und bei Zimmertemperatur 30 Min. ruhen lassen.

3 Die Frühlingszwiebeln putzen, gründlich waschen und mit dem zarten Grün in feine Ringe schneiden. In ein Schüsselchen füllen und zudecken. Die Paprika waschen, halbieren, putzen und in feine Streifen schneiden. Ebenfalls in einem Schüsselchen zugedeckt beiseite stellen.

4 Für die Fladen vom Teig jeweils ein etwa tischtennisballgroßes Stück abnehmen und auf wenig Mehl zu einem dünnen Fladen ausrollen. Dabei das Teigstück immer wieder leicht drehen, damit es gleichmäßig rund wird. Es werden etwa acht Teigfladen.

5 Eine Pfanne heiß werden lassen. Mit etwas Öl auspinseln. Einen Teigfladen darin knapp 1 Min. bei mittlerer Hitze backen, dann wenden und auf der zweiten Seite ebenfalls kurz backen. Auf diese Weise alle Teigfladen backen und auf einem Teller beiseite stellen.

6 Die süß-sauer-scharfe Sauce mit Geflügelfond oder Wasser verrühren.

7 Die Entenbrust aus dem Tiefkühlgerät nehmen und mit einem scharfen Messer in möglichst feine Scheiben schneiden. Auf einem Teller dekorativ auslegen.

8 Das Raclettegerät anheizen. Die Fladen jeweils in vier Stücke brechen. In das Raclettepfännchen ein Stück Fladen legen, mit einigen Zwiebelringen und Paprikastreifen belegen. Darauf 2-3 Entenbrustscheiben legen und mit etwas süß-sauer-scharfer Sauce beträufeln. Im Raclettegerät 6-10 Min. garen, bis das Fleisch nicht mehr rot ist. Eventuell etwas salzen. Dazu paßt am besten ein Pils.

TIP!
Kaufen Sie unbedingt thailändische süß-sauer-scharfe Sauce, chinesische paßt nicht so gut zu diesem Gericht.

Im Bild oben: Hähnchen mit Zuckerschoten und Mango
Im Bild unten: Entenstreifen auf Fladen

Lammkeule mit Pinienkernen

- Gelingt leicht
- Raffiniert

Für 2 Personen:

| 300 g Lammkeule |
| 1/2 unbehandelte Zitrone |
| einige Zweige frischer Rosmarin |
| 1 Knoblauchzehe |
| schwarzer Pfeffer |
| 1 EL Olivenöl |
| 1 Zucchino |
| 2 Tomaten |
| 1–2 EL Pinienkerne |
| 2 Scheiben Weißbrot |
| 200 g Schafkäse (Feta) |
| 200 g griechischer Sahnejoghurt |
| Paprika, edelsüß |
| Salz |

Vorbereitungszeit: 30 Min.
Garzeit: 5–7 Min.

Pro Portion ca.: 3380 kJ/810 kcal
45 g EW/57 g F/34 g KH

1 Die Lammkeule von Fett und Sehnen befreien und zuerst in Scheiben, dann in Streifen schneiden. Die Zitronenhälfte waschen und abtrocknen. Die Schale dünn abschälen und in feine Streifen schneiden, den Saft auspressen. Den Rosmarin waschen und die Nadeln fein hacken. Den Knoblauch schälen und sehr fein hacken.

2 Fleisch, Zitronenschale und 1 EL -saft, Rosmarin, Knoblauch, Pfeffer und Öl mischen. Das Fleisch zugedeckt mindestens 30 Min. ziehen lassen.

3 Den Zucchino waschen, von den Enden befreien und in knapp 1/2 cm breite Scheiben schneiden. Die Tomaten waschen und würfeln, dabei die Stielansätze herausschneiden. Die Pinienkerne in einer trockenen Pfanne unter Rühren anrösten, bis sie hellbraun sind, dann herausnehmen. Das Brot in Würfel schneiden und in der Pfanne knusprig rösten.

4 Den Schafkäse zerkrümeln und mit dem Joghurt im Mixer fein pürieren. Die Creme mit Pfeffer und Paprikapulver pikant abschmecken.

5 Das Raclettegerät anheizen. Das Fleisch salzen. In die Pfännchen jeweils etwas Fleisch, Gemüse, Pinienkerne und Brotwürfel geben, mit etwas Schafkäsecreme bedecken und im heißen Gerät 5–7 Min. garen, bis die Käsehaube leicht gebräunt ist.
Dazu schmeckt Reis oder Fladenbrot. Als Getränk paßt Rotwein.

Schweinefilet mit Orangen und Zwiebeln

- Raffiniert
- Etwas teurer

Für 2 Personen:

| 300 g Schweinefilet |
| 2 Orangen |
| 1–2 rote Zwiebeln |
| 2 TL Sonnenblumenöl |
| 1/2 Bund Rucola |
| 1/2 Glas Gemüsemais (etwa 170 g) |
| 1 TL flüssiger Honig |
| 3 TL Aceto Balsamico |
| Salz |
| weißer Pfeffer |
| 200 g Cheddar in dünnen Scheiben |
| Petersilienblättchen und Cocktailtomaten zum Garnieren |

Vorbereitungszeit: 20 Min.
Garzeit: 8 Min.

Pro Portion ca.: 3320 kJ/790 kcal
52 g EW/53 g F/38 g KH

1 Das Schweinefilet zuerst in dünne Scheiben, dann in feine Streifen schneiden.

2 Von den Orangen einen Deckel abschneiden. Die Orangen auf diese Schnittfläche stellen und die Schale mit einem scharfen Messer so abschneiden, daß auch die weiße, dünne Innenhaut mit entfernt wird. Die einzelnen Orangenfilets zwischen den Trennwänden mit einem sehr scharfen Messer herauslösen.

3 Die Zwiebeln schälen, halbieren und in feine Streifen schneiden. Das Öl in einer Pfanne erhitzen. Die Zwiebelstreifen darin bei mittlerer Hitze unter Rühren 5 Min. dünsten.

4 Den Rucola waschen und fein hacken. Den Mais abtropfen lassen, mit dem Rucola mischen. Fleisch, Honig und Aceto Balsamico mischen und mit Salz und Pfeffer abschmecken.

5 Das Raclettegerät anheizen. In die Pfännchen einige Fleisch- und Zwiebelstreifen sowie etwas von dem Rucola und den Orangenfilets geben, mit 1 Scheibe Käse bedecken. Alles im heißen Gerät 8 Min. garen, bis der Käse geschmolzen ist. Mit Petersilie und halbierten Cocktailtomaten garnieren und servieren.
Dazu passen Pellkartoffeln oder getoastetes Mischbrot. Als Getränk dunkles Bier oder Rotwein.

Im Bild oben: Schweinefilet mit Orangen und Zwiebeln
Im Bild unten: Lammkeule mit Pinienkerne

Leicht: Fisch & Co.

Den Reiz eines Raclette-Essens macht nicht nur das gemeinsame Garen und Essen am Tisch aus, sondern vor allem auch die Vielfalt an Kombinationsmöglichkeiten, die zum Experimentieren und gemütlichen Genießen einladen.
Aus diesem Grund sind die Rezepte in diesem Buch für 2 Personen berechnet. Was keinesfalls heißt, daß Sie alles nur zu zweit essen sollen. Vielmehr haben Sie so die Möglichkeit, gleich zwei oder drei Rezepte auszusuchen und Ihre Gäste damit zu überraschen. Natürlich können Sie die angegebenen Mengen auch einfach verdoppeln oder verdreifachen, wenn Sie ein Rezept ausgewählt haben, das Ihnen besonders gut gefällt und das Sie deshalb ausschließlich anbieten wollen.

Kombinieren ist alles

Hier einige Vorschläge für besonders gelungene Kombinationen von Gerichten aus allen Kapiteln.

• Zwiebel-Raclette (Seite 6)
Gegrilltes Gemüse (Seite 54, ohne Saucen)
Dazu: Pellkartoffeln und Gurkensalat mit Dill

• Tomaten und Pilze mit Fisch-Kräuter-Füllung (Seite 32)
Kartoffeln mit Pilzen (Seite 16)
Dazu: gemischter Salat

• Tomaten-Crostini (als Vorspeise; Seite 10)
Lammkeule mit Pinienkernen (Seite 28)
Dazu: Sesamfladen oder Stangenweißbrot und Kräutercreme (Seite 61)

Eröffnen Sie Ihr Raclette-Menü mit einem kleinen Aperitif.

Leicht: Fisch & Co.

- Radicchio mit Roquefort (als Vorspeise; Seite 11)
Fisch in Pfefferkruste (Seite 51)
Dazu: Kartoffeln mit Tomaten (Seite 16)

- Auberginen-Mais mit Joghurthaube (Seite 14)
Rosenkohl mit Ricotta-Nuß-Creme (Seite 8)
Dazu: Pellkartoffeln und Tomatensalat

- Salbei-Pilze (Seite 16)
Kalbsleber mit Trauben (Seite 25)
Dazu: Pellkartoffeln oder Weißbrot

- Chicorée mit Schinken und grünem Pfeffer (Seite 20)
Lauch mit Gorgonzola (Seite 11)
Dazu: Pellkartoffeln

- Strudelteigröllchen mit Mangold und Brät (Seite 21)
Tomaten und Pilze mit Fisch-Kräuter-Füllung (Seite 32)

- Bratwürste mit Rucola (Seite 24)
Thunfisch mit Paprika (Seite 34)
Dazu: Stangenweißbrot und Tomatensalat

- Hähnchen mit Preiselbeeren (Seite 25)
Grüner Spargel mit Lachs (Seite 16)
Dazu: Weißbrot

- Entenstreifen auf Fladen (Seite 26)
Hähnchenspieße mit Ananas-Gurken-Salat (Seite 48)
Dazu: Reis

- Kabeljau mit Tomaten (Seite 34)
Gemüse mit Pistazienhaube (Seite 12)
Dazu: Stangenweißbrot

- Knoblauchgarnelen mit Zucchini (als Vorspeise; Seite 35)
Filet mit Zitronensauce (Seite 24)
Dazu: Pellkartoffeln oder Brot

- Salbeifisch mit Limettensauce (Seite 38)
Gemüse mit Garnelen (Seite 35)
Dazu: Reis

- Chinakohl-Fisch-Päckchen mit Gurkensalat (Seite 42)

Fischspieße (Seite 46)
Dazu: Fladenbrot

- Lamm-Spinat-Pflänzchen mit Tomaten-Vinaigrette (Seite 42)
Zwiebel-Raclette (Seite 6)
Dazu: Pellkartoffeln

- Leberspieße (Seite 46)
Gegrilltes Gemüse (Seite 54)
Dazu: Fladenbrot

Plazieren Sie das Raclettegerät so, daß alle Gäste es bequem erreichen können.

- Rindfleischspieße (Seite 46)
Grüner Spargel mit Lachs (Seite 16)
Dazu: Brot

- Auberginen-Fisch-Röllchen (Seite 50)
Kartoffeln mit Tomaten (Seite 16)
Dazu: Stangenweißbrot

Tomaten und Pilze mit Fisch-Kräuter-Füllung

● Gelingt leicht
● Raffiniert

Für 2 Personen:

3 mittelgroße Tomaten
8 große Champignons oder Egerlinge
1 Scheibe Toastbrot
1/2 Bund Basilikum
1/2 Bund Petersilie
150 g geräuchertes Forellenfilet
1 EL Zitronensaft
1 EL Crème fraîche
1 TL scharfer Senf
Salz
weißer Pfeffer
250 g Mozzarella

Vorbereitungszeit: 20 Min.
Garzeit: 6–8 Min.

Pro Portion ca.: 2810 kJ/670 kcal
50 g EW/41 g F/30 g KH

1 Die Tomaten waschen und quer halbieren. Das Fruchtfleisch und die Kerne mit einem scharfkantigen Löffel herauslösen. Die Pilze putzen und die Stiele heraustrennen. Die Stiele putzen und fein hacken.

2 Das Toastbrot im Toaster oder in einer trockenen Pfanne rösten, von der Rinde befreien und fein zerkrümeln. Basilikum und Petersilie waschen und die Blättchen fein hacken. Das Forellenfilet fein würfeln, noch vorhandene Gräten entfernen.

3 Pilzstiele, Brot, Kräuter und Forellenfilet mit Zitronensaft und Crème fraîche mischen, mit Senf, Salz und Pfeffer würzen. Die Masse in die Tomaten und in die Pilze füllen.

4 Den Mozzarella abtropfen lassen und in möglichst dünne Scheiben schneiden.

5 Das Raclettegerät anheizen. In die Pfännchen jeweils 1 Tomatenhälfte oder 1 Pilz setzen, mit Mozzarella belegen und im heißen Gerät 6–8 Min. garen, bis der Käse geschmolzen und leicht gebräunt ist. Dazu paßt am besten frisches Stangenweißbrot. Als Getränk ein trockener Weißwein.

TIP!

Legen Sie einen gefüllten Pilz in ein Raclettepfännchen und schieben Sie es in das Gerät. Sollte der Pilz zu hoch sein, schneiden Sie unten ein Stück ab.

Fisch auf Portwein-Preiselbeer-Sauce

● Raffiniert
● Etwas teurer

Für 2 Personen:

300 g Schollenfilets
1 EL Zitronensaft
1 Zwiebel
100 g frische Preiselbeeren
2 TL Öl
100 ml Portwein
Salz
weißer Pfeffer
1 Prise Cayennepfeffer
150 g Ziegenfrischkäse
100 g Sahne
80 ml Milch
2 TL geriebener Meerrettich (aus dem Glas)
Dillspitzen zum Garnieren

Vorbereitungszeit: 25 Min.
Garzeit: 4–5 Min.

Pro Portion ca.: 3130 kJ/750 kcal
49 g EW/46 g F/21 g KH

1 Die Schollenfilets in etwa 1 cm breite Streifen schneiden. Mit dem Zitronensaft beträufeln.

2 Die Zwiebel schälen und sehr fein hacken. Die Preiselbeeren waschen und abtropfen lassen.

3 Das Öl erhitzen. Die Zwiebel darin unter Rühren bei mittlerer Hitze glasig dünsten. Die Preiselbeeren dazugeben und kurz mitdünsten. Mit dem Portwein ablöschen und 5 Min. köcheln lassen. Mit Salz, Pfeffer und Cayennepfeffer würzen.

4 Den Ziegenfrischkäse mit einer Gabel fein zerdrücken. Mit der Sahne, der Milch und dem Meerrettich mischen, salzen.

5 Das Raclettegerät anheizen. In die Pfännchen zuerst etwas von der Sauce geben. Einige Fischstreifen darauf verteilen, mit Salz und Pfeffer würzen und mit etwas Meerrettichsahne bedecken. Im heißen Gerät 4–5 Min. garen, bis die Haube leicht gebräunt ist.
Dazu paßt Reis oder Kartoffelpüree. Als Getränk ein Rosé oder ein leichter Rotwein.

Thunfisch mit Paprika

- Preiswert
- Schnell

Wer gerne vegetarisch ißt, nimmt statt Fisch mehr Zwiebeln und Paprikaschoten.

Für 2 Personen:
2 rote Zwiebeln
1 Knoblauchzehe
1 große rote oder gelbe Paprikaschote
2 EL Crème fraîche
Salz · weißer Pfeffer
Paprika, edelsüß
1 Dose Thunfisch im eigenen Saft (185 g)
200 g mittelalter Gouda

Vorbereitungszeit: 15 Min.
Garzeit: 6–7 Min.

Pro Portion ca.: 2450 kJ/590 kcal
51 g EW/34 g F/18 g KH

1 Die Zwiebeln schälen und in sehr feine Ringe schneiden. Den Knoblauch schälen und fein hacken. Die Paprikaschote waschen, halbieren, putzen und klein würfeln.

2 Zwiebel, Knoblauch, Paprika und Crème fraîche mischen und mit Salz, Pfeffer und Paprika abschmecken. In ein Schälchen geben.

3 Den Thunfisch mit einer Gabel zerpflücken. Den Käse reiben.

4 Das Raclettegerät anheizen. In die Pfännchen zuerst etwas von der Paprikamischung geben, mit Thunfisch belegen und mit Käse bedecken. Im heißen Gerät 6–7 Min. garen, bis der Käse leicht gebräunt ist.
Dazu passen Fladenbrot oder Kartoffeln.

Kabeljau mit Tomaten

- Gelingt leicht
- Preiswert

Für 2 Personen:
400 g Kabeljaufilet
1 EL Zitronensaft
200 g Tomaten
1 Bund Basilikum
1–2 Knoblauchzehen
Salz
weißer Pfeffer
80 g Semmelbrösel
80 g frisch geriebener Parmesan
7 EL Olivenöl

Vorbereitungszeit: 20 Min.
Garzeit: 5 Min.

Pro Portion ca.: 3070 kJ/730 kcal
58 g EW/38 g F/38 g KH

1 Das Kabeljaufilet in etwa 1/2 cm große Würfel schneiden und mit dem Zitronensaft mischen. Die Tomaten waschen und klein würfeln, dabei die Stielansätze entfernen. Das Basilikum waschen, und die Blättchen fein hacken. Den Knoblauch schälen und sehr fein zerkleinern.

2 Fisch, Tomaten, Basilikum und Knoblauch mischen und mit Salz und Pfeffer würzen. Semmelbrösel, Käse und Olivenöl mischen, pfeffern.

3 Das Raclettegerät anheizen. In die Pfännchen etwas von der Fischmischung geben und mit Bröselmasse bedecken. Im heißen Gerät 5 Min. garen, bis die Bröselmasse goldbraun ist.
Dazu schmecken Baguette oder Kartoffeln. Als Getränk paßt ein kräftiger Weißwein oder Rosé.

Leicht: Fisch & Co.

Gemüse mit Garnelen

● Raffiniert
● Etwas teurer

Für 2 Personen:

1 kleines Stück Knollensellerie (etwa 80 g)
1 große Möhre
1 Stange Lauch · Salz
300 g rohe geschälte Garnelen
1 EL Zitronensaft
weißer Pfeffer
1/2 Bund Schnittlauch
100 g Crème fraîche
100 g frisch geriebener Butterkäse
1 TL gemahlener Kurkuma

Vorbereitungszeit: 20 Min.
Garzeit: 7–8 Min.

Pro Portion ca.: 2370 kJ/570 kcal
45 g EW/36 g F/13 g KH

1 Sellerie und Möhre schälen, in feine Streifen schneiden. Lauch putzen, längs aufschneiden, waschen und die hellen Teile in Streifen schneiden. Das Gemüse in kochendem Salzwasser 2 Min. blanchieren, abschrecken, abtropfen lassen.

2 Die Garnelen von dem dunklen Darm befreien, kalt abspülen und trockentupfen. Mit Zitronensaft, Salz und Pfeffer würzen.

3 Den Schnittlauch waschen und in feine Röllchen schneiden. Mit Crème fraîche, Käse und Kurkuma verrühren, salzen und pfeffern.

4 Das Raclettegerät anheizen. In die Pfännchen etwas Gemüsemischung und einige Garnelen geben, mit Käsecreme bedecken und im heißen Gerät 7–8 Min. garen. Dazu paßt Reis.

Knoblauchgarnelen

● Gelingt leicht
● Etwas teurer

Für 2 Personen:

2 junge Zucchini
1 Tomate
2 Frühlingszwiebeln
1 Bund Basilikum
Salz · weißer Pfeffer
3 Knoblauchzehen
1 getrocknete rote Chilischote
300 g rohe geschälte Garnelen
1 TL Zitronensaft
200 g Fontina in dünnen Scheiben

Vorbereitungszeit: 20 Min.
Garzeit: 6–7 Min.

Pro Portion ca.: 2600 kJ/620 kcal
60 g EW/34 g F/19 g KH

1 Die Zucchini putzen, waschen und quer in dünne Scheiben schneiden. Die Tomate waschen und sehr klein würfeln, dabei den Stielansatz entfernen. Die Frühlingszwiebeln putzen, waschen und mit dem zarten Grün in Ringe schneiden. Das Basilikum waschen und die Blättchen kleinzupfen. Gemüse und Basilikum mischen, salzen, pfeffern.

2 Knoblauch schälen und fein hacken. Die Chilischote zerkrümeln. Garnelen, Knoblauch, Chilischote und Zitronensaft mischen, salzen.

3 Raclettegerät anheizen. In die Pfännchen etwas Gemüsemischung geben, mit Garnelen belegen und mit Käse bedecken. Im heißen Gerät 6–7 Min. garen.
Dazu paßt am besten frisches Stangenweißbrot.

Rotbarsch auf Kartoffel-Frühlingszwiebel-Sauce

🔴 Raffiniert
🔵 Preiswert

Für 2 Personen:

1 rote Paprikaschote
250 g mehligkochende Kartoffeln
Salz
1 Bund Frühlingszwiebeln
1/8 l Milch
2 TL Butter
Pfeffer
350 g Rotbarschfilet
1 EL Zitronensaft
1 EL Crème fraîche
125 g Mozzarella
1 TL Kümmelkörner
1 TL Paprika, edelsüß

Vorbereitungszeit: 45 Min.
Garzeit: 6–8 Min.

Pro Portion ca.: 2220 kJ/530 kcal
51 g EW/24 g F/27 g KH

1 Den Backofen auf 250° vorheizen. Die Paprikaschote waschen, halbieren und putzen.

2 Die Schotenhälften mit den Schnittflächen nach unten auf ein Backblech legen und im heißen Ofen (Mitte, Umluft 220°) etwa 15 Min. backen, bis die Haut Blasen wirft und gebräunt ist.

3 Inzwischen die Kartoffeln schälen, waschen und würfeln. In einen Topf geben, etwa 1 cm hoch Wasser angießen, salzen. Alles zum Kochen bringen. Die Kartoffeln zugedeckt bei mittlerer Hitze in 15–20 Min. weich kochen.

4 Die Schotenhälften aus dem Ofen nehmen, mit einem feuchten Tuch bedecken und kurz abkühlen lassen. Dann die Haut mit einem spitzen Messer abziehen und die Schotenhälften grob zerkleinern.

5 Die Frühlingszwiebeln putzen, gründlich waschen und mit dem zarten Grün sehr fein hacken.

6 Die gegarten Kartoffeln abgießen und mit dem Kartoffelstampfer zerdrücken. Milch, Butter und Frühlingszwiebeln untermischen. Die Sauce mit Salz und Pfeffer würzen und in eine Schüssel geben.

7 Den Fisch in mundgerechte Stücke schneiden. Dicke Filets durchschneiden. Mit dem Zitronensaft mischen.

8 Die Paprikastücke mit der Crème fraîche im Mixer fein pürieren. Den Mozzarella abtropfen lassen, in möglichst kleine Würfel schneiden und mit dem Kümmel unter die Paprikacreme mischen. Mit Salz, Pfeffer und Paprika abschmecken.

9 Das Raclettegerät anheizen. In die Pfännchen zuerst etwas von der Kartoffelsauce geben, darauf einige Fischstücke legen, diese mit Paprikacreme bedecken. Im heißen Gerät 6–8 Min. garen, bis der Mozzarella geschmolzen ist.
Dazu schmeckt Gurkensalat mit Dill und saurer Sahne besonders gut. Als Getränk paßt ein kühles Pils oder ein leichter Rotwein, z.B. ein Beaujolais Primeur.

> **TIP!**
>
> Schneller geht es, wenn Sie statt der Paprikaschote 100 g Crème fraîche mit 1–2 TL Ajvar (scharfe Paprikapaste) aus dem Glas verrühren und mit dem Mozzarella mischen.
> Die Kartoffelsauce können Sie aus Kartoffelpüree aus der Packung machen. Das Pulver nach Gebrauchsanweisung zubereiten, mit Milch auf die gewünschte Konsistenz verdünnen.

Salbeifisch mit Limettensauce

● Raffiniert
● Gelingt leicht

Für 2 Personen:
400 g Kabeljaufilets (ersatzweise Seelachs, Rotbarsch oder Seeteufel)
1 EL Zitronensaft
20 Salbeiblätter
1 Knoblauchzehe
1 Limette
1 EL Butter
1 EL Mehl
1/4 l Milch
Salz
weißer Pfeffer
1 Eigelb
50 g Sahne
2 EL frisch geriebener Parmesan

Vorbereitungszeit: 30 Min.
Garzeit: 8 Min.

Pro Portion ca.: 2040 kJ/490 kcal
45 g EW/28 g F/15 g KH

1 Die Fischfilets in mundgerechte Stücke schneiden und mit dem Zitronensaft mischen. Die Salbeiblätter waschen und in feine Streifen schneiden. Den Knoblauch schälen und sehr fein hacken. Beides unter die Fischwürfel mischen.

2 Die Limette waschen und abtrocknen. Die Schale mit einem Zestenreißer abtrennen. Die Limette auspressen.

3 Die Butter in einem Topf schmelzen lassen.
Das Mehl einrühren und unter Rühren bei mittlerer Hitze 1 Min. anschwitzen. Die Milch unter Rühren dazugeben. Alles bei mittlerer bis schwacher Hitze 10 Min. köcheln lassen. Mit Salz, Pfeffer und 1 EL Limettensaft abschmecken.

4 Eigelb und Sahne verquirlen. Unter die Sauce rühren und alles unter kräftigem Rühren einmal aufkochen lassen. Den Käse untermengen und schmelzen lassen.

5 Raclettegerät anheizen. In die Pfännchen einige Fischwürfel geben, mit Salz und Pfeffer würzen und mit Limettenschale bestreuen. Mit Sauce bedecken und im heißen Gerät 8 Min. backen, bis die Sauce leicht gebräunt ist. Mit Limettenschale garnieren.
Dazu schmecken Salzkartoffeln, aber auch Reis.

VARIANTE

Besonders fein schmeckt es, wenn Sie unter die Fischwürfel einige Blätter blanchierten, ausgedrückten Spinat geben.

Saibling mit Senfmascarpone

● Raffiniert
● Würzig

Für 2 Personen:
350 g Saiblingfilets
1 Bund Dill
1 EL Zitronensaft
Salz
weißer Pfeffer
200 g Cocktailtomaten
1 Schalotte
1 TL Öl
1/8 l Fischfond (aus dem Glas)
100 g Mascarpone
75 g frisch geriebener Parmesan
1–2 TL scharfer Senf

Vorbereitungszeit: 25 Min.
Garzeit: 6–7 Min.

Pro Portion ca.: 3100 kJ/740 kcal
57 g EW/51 g F/12 g KH

1 Die Fischfilets in mundgerechte Stücke schneiden. Den Dill waschen und ohne die groben Stiele fein hacken. Mit dem Zitronensaft unter den Fisch mischen und mit Salz und Pfeffer würzen.

2 Die Tomaten waschen und halbieren. Die Schalotte schälen und fein hacken.

3 Das Öl in einem Topf erhitzen. Die Schalotte darin unter Rühren bei mittlerer Hitze in 5 Min. glasig dünsten. Mit dem Fischfond ablöschen. Den Topf vom Herd nehmen, dann den Mascarpone untermischen.

4 Käse und Senf unter die Mascarponesauce rühren. Alles mit Salz und Pfeffer abschmecken und in eine Schüssel füllen.

5 Das Raclettegerät anheizen. In die Pfännchen jeweils einige Fischstücke und Tomatenhälften geben, mit Mascarponesauce bedecken und im heißen Gerät 6–7 Min. garen, bis die Sauce leicht gebräunt ist.
Dazu passen Pellkartoffeln ebenso gut wie Reis. Als Getränk schmeckt ein trockener Riesling besonders gut.

VARIANTE

Sättigender wird das Ganze, wenn Sie in die Pfännchen zuerst einige gekochte Kartoffelscheiben geben.

Im Bild oben: Salbeifisch mit Limettensauce
Im Bild unten: Saibling mit Senfmascarpone

Kochen mit links und Liebe.

GU

Vom Heißen Stein

Den Heißen Stein, auch Hot stone genannt, gibt es zwar einzeln zu kaufen, ideal ist aber eine Kombination von Raclettegerät und Heißem Stein.

Kombigeräte

Die Platte sollte möglichst aus poliertem Stein gemacht sein oder eine antihaftbeschichtete Grillfläche haben. Eine polierte Naturstein-Platte läßt sich wunderbar reinigen - Sie sollten sie nach dem Garen aber in jedem Fall ausreichend lange abkühlen lassen. Speisereste schaben Sie einfach mit einem Spatel ab, die Platte spülen Sie dann nur mit heißem Wasser ab.

Eine Kombination von Heißem Stein und Raclettegerät ist ideal für die Gästebewirtung.

Vor dem ersten Gebrauch

Bevor Sie die Platte das erste Mal benutzen, spülen Sie sie ebenfalls mit warmem Wasser ab und trocknen sie mit einem weichen Tuch. Die meisten Platten werden einmal mit hocherhitzbarem Pflanzenöl eingepinselt, bevor man sie das erste Mal erhitzt. Manche müssen anschließend vor dem ersten Gebrauch eine bestimmte Zeit in den heißen Backofen. Das verhindert, daß die Platte unter Spannung steht. Lesen Sie also in jedem Fall zuerst die Gebrauchsanleitung des Herstellers. Risse im Stein sind normal, denn es handelt sich bei der Platte um ein Naturprodukt. Sie beeinträchtigen das Grillergebnis in keinem Fall.

Vom Heißen Stein

Der Heiße Stein allein

Im Handel werden auch Heiße Steine angeboten, die nicht elektrisch beheizt werden. Sie müssen im Backofen bei 220° mindestens 30 Minuten erhitzt werden. Dann gibt man sie in eine spezielle Halterung und stellt sie auf den Tisch. Der Nachteil dieser Steine: Sie halten die Hitze nur etwa 30 Minuten, und an den Stellen, wo bereits Zutaten gegart wurden, kühlen sie so stark ab, daß man dort nichts mehr garen kann.

So wird's gemacht

Es dauert etwa 15 Minuten, bis die Steinplatte eines elektrischen Gerätes richtig heiß ist. Danach können Sie die Temperatur über den Regler nach Belieben einstellen. Auf einem elektrisch beheizten Stein können

Sie an allen Stellen garen, denn die Hitze bleibt gleichmäßig erhalten. Bei den meisten Steinen kann man ganz auf das Einstreichen mit Öl verzichten, für den Geschmack ist eine dünne Schicht Öl aber in jedem Fall von Vorteil.

Tips und Tricks

• Auf dem Heißen Stein haben Sie im Nu Knoblauchbrot zubereitet. Verkneten Sie weiche Butter mit durchgepreßtem Knoblauch und Salz.

Brotscheiben auf dem Heißen Stein rösten, mit Knoblauchbutter bestreichen und heiß genießen.
• Toasts sind ideal für das Kombigerät. Rösten Sie die Brotscheiben auf dem Heißen Stein unter Wenden vor. Legen Sie sie dann - eventuell halbiert - ins Raclettepfännchen, belegen sie nach Belieben nur mit Käse oder auch

mit anderen Zutaten wie Tomaten, Thunfisch, Sardellen, Oliven oder ähnlichem und überbacken sie.
• Falls Sie ein Raclette-Grill-Gerät, zum Beispiel mit Aluguß-Grillplatte, gekauft haben, und nun doch gerne einen Heißen Stein hätten: einige Hersteller bieten die Platten auch einzeln an, so daß Sie sie bei ihrem Gerät austauschen können.
• Wer möchte, kann Heißen Stein und Raclette auch gleichzeitig nutzen. Also beispielsweise in den Pfännchen Käse schmelzen lassen und auf dem Heißen Stein Gemüse, Fleischscheiben oder auch Garnelen braten.

• Schaben Sie während des Garens den Stein immer mal wieder mit dem Spatel ab, damit nichts einbrennt.

Garzeiten

Zwar finden Sie bei den Rezepten genaue Angaben für die Garzeiten, aber auf dem Heißen Stein können Sie auch einfach nur Gemüse-, Fisch- und Fleischscheiben grillen und beispielsweise mit Salat servieren. Deshalb finden Sie nachfolgend die Garzeiten der wichtigsten für den Heißen Stein geeigneten Zutaten.
• Sehr dünne Fleischscheiben und flache Fischfilets: 1-2 Min. pro Seite.
• Weiche Gemüse wie Pilze, Paprika, Zucchini und Auberginen: 2-3 Min. pro Seite.
• Steaks und Koteletts von etwa 1 cm Dicke, Würste und dickere Fischfilets: 3-4 Min. pro Seite.
• Fleischstücke von etwa 2 cm Dicke: 5-8 Min. pro Seite.
• Härtere Gemüse wie Fenchelscheiben und Kartoffeln: 5-8 Min. pro Seite.
• Hähnchenbrustfilets, Lammfilets und Schweinefilets: 10-12 Min. pro Seite.

Lamm-Spinat-Pflänzchen mit Tomaten-Vinaigrette

● Raffiniert
● Gelingt leicht

Für 2 Personen:

Für die Pflänzchen:
100 g Spinat
Salz
1 Bund Petersilie
1 Knoblauchzehe
1/2 unbehandelte Zitrone
1 EL Cashewkerne
250 g Lammkeule
1 TL grüne Pfefferkörner (aus dem Glas)
1 kleines Ei
weißer Pfeffer

Für die Vinaigrette:
1 große Tomate
1 rote Zwiebel
1 EL Aceto Balsamico
2 EL Olivenöl
Salz · Pfeffer

Außerdem:
2 TL Öl für den Stein

Vorbereitungszeit: 40 Min.
Garzeit: 6–8 Min.

Pro Portion ca.: 2200 kJ/530 kcal
30 g EW/35 g F/31 g KH

1 Den Spinat gründlich waschen und von den harten Stielen befreien. Dann in kochendem Salzwasser 1 Min. blanchieren, eiskalt abschrecken und abtropfen lassen. Gut ausdrücken und fein hacken.

2 Petersilie waschen und die Blättchen fein hacken. Den Knoblauch schälen und fein zerkleinern. Die Zitronenhälfte heiß waschen und abtrocknen. Die Schale dünn abschneiden und fein hacken. Die Cashewkerne ebenfalls fein zerkleinern. Das Lammfleisch von Fett und Sehnen befreien und durch den Fleischwolf drehen oder sehr klein würfeln.

3 Fleisch, Spinat, Petersilie, Knoblauch, Zitronenschale, Nüsse, Pfefferkörner und Ei zu einem gut bindenden Teig verkneten, mit Salz und Pfeffer würzen. Daraus kleine Pflänzchen formen.

4 Für die Vinaigrette die Tomate waschen und sehr fein würfeln, dabei den Stielansatz entfernen. Die Zwiebel schälen und sehr fein würfeln. Beides mit Essig und Öl verrühren und mit Salz und Pfeffer abschmecken.

5 Den Heißen Stein anheizen und dünn mit Öl bepinseln. Die Pflänzchen auf dem heißen Stein pro Seite 3–4 Min. garen. Mit der Vinaigrette servieren. Dazu passen Folienkartoffeln oder Sesamfladen (Pitabrot) und ein kräftiger Rotwein, z.B. Chianti.

Chinakohl-Fisch-Päckchen mit Gurkensalat

● Raffiniert
● Kalorienarm

Für 2 Personen:

Für die Päckchen:
8–10 Blätter Chinakohl
Salz
200 g Kabeljau- oder Rotbarschfilet
1/2 Scheibe Toastbrot
1 Bund Schnittlauch
2 Frühlingszwiebeln
1 kleines Ei
weißer Pfeffer
1 Prise gemahlener Koriander
2 TL Zitronensaft

Für den Salat
1 kleine Gurke (etwa 200 g)
1 frische rote Chilischote
einige Zweige frisches Basilikum
1 EL Weißweinessig
1 EL Sahne
Salz
1 EL Sonnenblumenöl

Außerdem:
2 TL Öl für den Stein

Vorbereitungszeit: 40 Min.
Garzeit: 10 Min.

Pro Portion ca.: 1200 kJ/280 kcal
25 g EW/14 g F/17 g KH

1 Die Chinakohlblätter waschen, dicke Blattrippen flach schneiden. In einem großen Topf reichlich Salzwasser zum Kochen bringen. Die Kohlblätter darin 2 Min. blanchieren, bis sie biegsam sind. Dann herausnehmen, eiskalt abschrecken und gründlich abtropfen lassen. Die Blätter halbieren.

2 Für die Füllung das Fischfilet in kleine Würfel schneiden und kalt stellen. Das Toastbrot in lauwarmem Wasser einweichen, dann gut ausdrücken.

3 Fischwürfel und Brot im Mixer fein zerkleinern. Den Schnittlauch waschen und in feine Röllchen schneiden. Die Frühlingszwiebeln putzen, gründlich waschen und mit dem zarten Grün sehr fein schneiden. Fischmasse, Schnittlauch, Frühlingszwiebeln und Ei verrühren und alles mit Salz, Pfeffer, Koriander und Zitronensaft abschmecken.

4 Jeweils etwas Fischmasse auf die Mitte der Chinakohlblätter geben. Die Ränder über die Füllung klappen.

5 Für den Salat die Gurke schälen und der Länge nach halbieren. Die Kerne mit einem Löffel herauskratzen, die Gurkenhälften in kleine Würfel schneiden. Die Chilischote waschen, putzen und halbieren. Die Hälften kalt abspülen, dann in feine Streifen schneiden. Das Basilikum waschen und die Blättchen in Streifen schneiden. Beides mit den Gurkenwürfeln mischen.

6 Für die Sauce Essig, Sahne und Salz verrühren. Das Öl unterschlagen. Unter die Gurkenmischung rühren, eventuell nochmals abschmecken.

7 Den Heißen Stein anheizen. Dünn mit Öl bepinseln. Die Fischpäckchen pro Seite 5 Min. braten, dann mit dem scharfen Gurkensalat servieren.
Dazu passen am besten Salzkartoffeln oder Brot, als Getränk ein kräftiger Riesling oder auch ein Pils.

VARIANTE

Statt Chinakohl können Sie auch Mangoldblätter oder jungen Wirsing nehmen.

Im Bild oben: Lamm-Spinat-Pflänzchen mit Tomaten-Vinaigrette
Im Bild unten: Chinakohl-Fisch-Päckchen mit Gurkensalat

Mariniertes Fleisch und Pilze

● Kalorienarm
● Gelingt leicht

Für 2 Personen:

150 g Hähnchenbrustfilet
1 EL Chili-Ketchup
1 EL trockener Rotwein
1 TL Kapern
Salz
weißer Pfeffer
150 g Rinderfilet
1 Bund Basilikum
1 Knoblauchzehe
1 EL Zitronensaft
1 EL Olivenöl
200 g Champignons
1 EL Sojasauce
2-3 TL Öl für den Stein

Vorbereitungszeit: 25 Min.
Marinierzeit: mindestens 2 Std.
Garzeit: 2-3 Min.

Pro Portion ca.: 1490 kJ/360 kcal
29 g EW/22 g F/10 g KH

1 Das Hähnchenbrustfilet mit einem scharfen Messer in dünne Scheiben schneiden. In einen tiefen Teller geben.

2 Ketchup mit dem Wein verrühren. Die Kapern abtropfen lassen. Dann fein hacken und unter den Ketchup rühren. Alles mit Salz und Pfeffer würzen und über die Hähnchenscheiben verteilen.

3 Das Rinderfilet von Sehnen und Fett befreien und in feine Scheiben schneiden. In einen tiefen Teller geben.

4 Das Basilikum waschen und die Blättchen fein hacken. Den Knoblauch schälen und durch die Presse drücken. Basilikum, Knoblauch, Zitronensaft und Olivenöl mischen und mit Salz und Pfeffer würzen. Über die Rindfleischscheiben geben.

5 Beide Fleischsorten mit Folie abdecken und mindestens 2 Std. im Kühlschrank marinieren. Dabei ein- bis zweimal wenden.

6 Die Pilze putzen und in dünne Scheiben schneiden. Mit der Sojasauce mischen.

7 Den Heißen Stein anheizen. Dünn mit Öl bepinseln. Fleischscheiben und Pilze darauf jeweils in 2-3 Min. garen, dabei einmal wenden.
Dazu schmeckt am besten frisches Stangenweißbrot und eventuell eine kleine Schüssel Blattsalat. Als Getränk paßt ein leichter Rotwein, z.B. ein Beaujolais, ebenso gut wie Bier.

Glasierte Würstchen mit Knoblauchtomaten

○ Preiswert
● Gelingt leicht

Für 2 Personen:

1 EL rotes Johannisbeergelee
2 TL Cassis (schwarzer Johannisbeerlikör, ersatzweise Orangensaft)
1 TL Zitronensaft
Salz · weißer Pfeffer
Cayennepfeffer
je 4 kleine Schweins- und Kalbsbratwürstchen
4 kleine Tomaten
1/2 Bund Petersilie
2 Knoblauchzehen
1 EL Olivenöl
1 TL Öl für den Stein

Vorbereitungszeit: 10 Min.
Marinierzeit: mindestens 2 Std.
Garzeit: 6-7 Min.

Pro Portion ca.: 4000 kJ/960 kcal
40 g EW/73 g F/34 g KH

1 Das Johannisbeergelee mit dem Cassis, dem Zitronensaft und etwas heißem Wasser geschmeidig rühren. Mit Salz, Pfeffer und Cayennepfeffer pikant würzen.

2 Die Würstchen mit einem Holzspießchen mehrmals einstechen und mit der Marinade bestreichen. Zugedeckt mindestens 2 Std. marinieren lassen, dabei gelegentlich wenden.

3 Inzwischen die Tomaten waschen und abtrocknen, dann quer halbieren. Aus den oberen Hälften die Stielansätze mit einer Messerspitze herauslösen.

4 Die Petersilie waschen und ohne die groben Stiele sehr fein hacken. Den Knoblauch schälen und ebenfalls sehr fein zerkleinern. Beides mit dem Öl mischen und mit Salz und Pfeffer würzen. Die Masse auf den Tomaten verteilen, diese ebenfalls 2 Std. ziehen lassen.

5 Dann den Heißen Stein anheizen und dünn mit Öl bepinseln. Würstchen und Tomaten darauf 6-7 Min. garen, die Würstchen dabei mehrmals wenden, die Tomaten nicht.
Dazu paßt am besten kräftiges Bauernbrot und eventuell Gurkensalat mit Dill. Als Getränk schmeckt Bier besonders gut.

Im Bild oben: Glasierte Würstchen mit Knoblauchtomaten
Im Bild unten: Mariniertes Fleisch und Pilze

Gemüsespieße

● Preiswert
● Vegetarisch

Für 2 Personen:

1 Zucchino
100 g Shiitake-Pilze
1 Bund Frühlingszwiebeln
1 rote Paprikaschote
8 Cocktailtomaten
1/2 Bund frischer Thymian
1 Knoblauchzehe
1 TL scharfer Senf
1 EL Zitronensaft
1 EL Olivenöl
Salz · weißer Pfeffer
1 TL Öl für den Stein

Vorbereitungszeit: 20 Min.
Garzeit: 10 Min.

Pro Portion ca.: 1590 kJ/380 kcal
13 g EW/9 g F/77 g KH

1 Zucchino waschen, putzen und in 1 cm dicke Scheiben schneiden. Pilze ohne Stiele vierteln. Frühlingszwiebeln waschen, putzen, längs halbieren. Paprikaschote waschen, putzen, in 2 cm große Rauten schneiden. Tomaten waschen. Alles abwechselnd auf 19 cm lange Holzspieße stecken.

2 Thymian waschen, die Blättchen abstreifen. Knoblauch schälen und durchpressen. Mit Senf, Zitronensaft und Öl verrühren, salzen und pfeffern. Spießchen damit bepinseln und auf dem Heißen Stein 10 Min. braten.

Fischspieße

● Gelingt leicht
● Raffiniert

Für 2 Personen:

150 g festfleischiges Fischfilet (z.B. Seeteufel oder Kabeljau)
20 Cocktailtomaten
2 Scheiben Weißbrot
8 rohe geschälte Garnelen
2 Knoblauchzehen
2 EL Olivenöl
Salz · weißer Pfeffer
175 g Joghurt
1 EL Sahne
2 TL Ajvar (scharfe Paprikapaste aus dem Glas)
1 TL Öl für den Stein

Vorbereitungszeit: 20 Min.
Garzeit: 6–8 Min.

Pro Portion ca.: 2880 kJ/670 kcal
43 g EW/22 g F/94 g KH

1 Fischfilet in 1 1/2 cm große Würfel schneiden. Die Tomaten waschen. Weißbrot toasten und würfeln. Garnelen, Fisch, Tomaten und Brotwürfel abwechselnd auf 19 cm lange Holzspieße stecken.

2 Knoblauch schälen, durchpressen, mit dem Öl verrühren. Die Spieße salzen, pfeffern und mit dem Knoblauchöl bepinseln. Joghurt mit Sahne und Ajvar verrühren, salzen.

3 Den Heißen Stein mit dem Öl bestreichen. Die Spieße darauf in 6–8 Min. unter Wenden braten. Mit der Sauce servieren.

Rindfleischspieße

● Raffiniert
● Etwas teurer

Für 2 Personen:

10 g getrocknete Spitzmorcheln
300 g Rinderlende
6 Artischockenböden (aus dem Glas)
1 EL Sonnenblumenöl
Salz · weißer Pfeffer
1 Handvoll frischer Kerbel
1 Stück unbehandelte Zitronenschale
70 g weiche Butter
1 TL Öl für den Stein

Quellzeit: 1 Std.
Vorbereitungszeit: 15 Min.
Garzeit: 10 Min.

Pro Portion ca.: 2600 kJ/620 kcal
30 g EW/45 g F/33 g KH

1 Die Morcheln in lauwarmem Wasser 1 Std. quellen lassen. Abspülen, abtropfen lassen. Fleisch in 1 1/2 cm große Würfel schneiden. Artischocken vierteln. Alles abwechselnd auf etwa 19 cm lange Holzspieße stecken. Öl, Salz und Pfeffer verrühren, Spieße damit bepinseln.

2 Kerbelblättchen und Zitronenschale fein hacken. Mit Butter, Salz und Pfeffer mischen.

3 Spieße auf dem Heißen Stein unter Wenden in 10 Min. braten. Mit der Kerbelbutter servieren.

Leberspieße

● Gelingt leicht
● Schnell

Für 2 Personen:

300 g Kalbsleber
8 Scheiben Bacon (Frühstücksspeck)
8 Schalotten
1 kleiner säuerlicher Apfel
1 EL Zitronensaft
20 Salbeiblätter
1 EL Sherry
1 EL Sonnenblumenöl
Salz · weißer Pfeffer
1 TL Öl für den Stein

Vorbereitungszeit: 15 Min.
Garzeit: 12 Min.

Pro Portion ca.: 2200 kJ/530 kcal
37 g EW/26 g F/36 g KH

1 Leber in 2 cm große Würfel schneiden. Baconscheiben halbieren oder dritteln und je 1 Leberstück darin einwickeln. Schalotten schälen und halbieren. Apfel schälen, vierteln und in 1 cm dicke Scheiben schneiden. Mit Zitronensaft mischen.

2 Leberpäckchen, Schalotten, Apfel und Salbeiblätter auf etwa 19 cm lange Holzspießchen stecken. Sherry mit Öl, Salz und Pfeffer verrühren, die Spieße damit bestreichen. Auf dem Heißen Stein 12 Min. garen.

Auf dem Brett von oben: Rindfleischspieß, Leberspieß, Gemüsespieß, Fischspieß

Hähnchenspieße mit Ananas-Gurken-Salat

🟡 Würzig
🔴 Raffiniert

Für 2 Personen:

Für die Spieße:
400 g Hähnchenbrustfilets
3 EL Sojasauce

Für die Erdnußsauce:
100 g geröstete, gesalzene Erdnüsse
1 kleine Zwiebel
1 Knoblauchzehe
2-3 getrocknete Chilischoten
1 EL Sonnenblumenöl
1/2 EL Zitronensaft
1 EL brauner Zucker
1 EL Sojasauce
1/8 l Geflügelfond (aus dem Glas)

Für den Salat:
1 kleine Ananas (ersatzweise 1 Dose ungezuckerte Ananasscheiben)
1 kleine Gurke (etwa 130 g)
1/2 Bund frische Minze
2-3 EL Reisessig
1 TL Zucker
Salz
Cayennepfeffer

Außerdem:
12 Holzspießchen (Schaschlikspieße)
2 TL Sonnenblumenöl für den Stein

Vorbereitungszeit: 35 Min.
Marinierzeit: 1–2 Std.
Garzeit: 10 Min.

Pro Portion ca.: 3250 kJ / 780 kcal
55 g EW / 36 g F / 67 g KH

1 Das Hähnchenfleisch mit einem scharfen Messer in möglichst dünne Scheiben schneiden. Die Scheiben ziehharmonikaartig auf die Holzspieße aufspießen. Dafür müssen Sie jede Fleischscheibe mehrmals durchstechen.

2 Die Spieße auf einen großen, flachen Teller legen, mit der Sojasauce beträufeln und mit Klarsichtfolie bedeckt in den Kühlschrank stellen. 1–2 Std. marinieren, dabei möglichst einmal wenden.

3 Für die Erdnußsauce die Erdnüsse im Mixer fein zerkleinern. Zwiebel und Knoblauch schälen und sehr fein hacken. Die Chilischoten im Mörser fein zerstoßen oder mit einem Messer sehr fein hacken.

4 Das Öl in einem Topf erhitzen. Zwiebel und Knoblauch darin glasig dünsten. Erdnüsse, Chilischoten, Zitronensaft, Zucker und Sojasauce dazugeben und alles kurz erhitzen.

5 Dann den Geflügelfond angießen und 2–3 Min. köcheln lassen. In eine kleine Schüssel füllen und abkühlen lassen. Sollte die Sauce zu dickflüssig werden, mit etwas Fond oder heißem Wasser verdünnen.

6 Für den Salat von der Ananas den Schopf und das gegenüberliegende Ende abschneiden. Die Ananas in Scheiben schneiden, falls der Strunk in der Mitte hart und faserig ist, diesen herausschneiden. Die Ananas in kleine Stücke schneiden.

7 Die Ananas auf eine Schnittfläche stellen und die Schale von oben nach unten großzügig abschneiden.

8 Dann mit einem kleinen, spitzen Messer die dunklen Augen ausstechen.

9 Die Gurke schälen, der Länge nach vierteln und in feine Scheiben schneiden. Die Minze waschen, die Blättchen abzupfen und je nach Größe ganz lassen oder etwas kleiner zupfen.

10 Reisessig mit Zucker, Salz und 1 kräftigen Prise Cayennepfeffer verrühren. Ananas, Gurke und Minze unterrühren.

11 Den Heißen Stein anheizen. Dann dünn mit Öl bepinseln. Spieße darauf unter häufigem Drehen 10 Min. garen, bis sie schön gebräunt und durchgegart sind. Mit der Erdnußsauce und dem Salat essen.
Dazu paßt Reis oder indisches Fladenbrot (aus dem Asienladen; oder die Fladen nach dem Rezept auf Seite 26 selber backen). Als Getränk paßt Pils oder Weißwein.

Auberginen-Fisch-Röllchen

- Raffiniert
- Kalorienarm

Für 2 Personen:

150 g Lachsfilet
1 kleine Aubergine
(etwa 150 g)
Salz
4 EL Olivenöl
4 TL Pesto
1 EL passierte Tomaten
(Fertigprodukt)
weißer Pfeffer
Cayennepfeffer
1 Bund Basilikum
1 EL Zitronensaft
1 TL Öl für den Stein

Gefrierzeit: 45 Min.
Vorbereitungszeit: 30 Min.
Garzeit: 10 Min.

Pro Portion ca.: 1310 kJ/310 kcal
18 g EW/24 g F/7 g KH

1 Das Lachsfilet in Klarsichtfolie wickeln und 45 Min. ins Gefrierfach legen, damit es sich schön dünn schneiden läßt.

2 Inzwischen die Aubergine waschen, vom Stielansatz befreien und der Länge nach in sehr dünne Scheiben schneiden. Die Scheiben von beiden Seiten mit Salz bestreuen und 10 Min. ziehen lassen.

3 Das Öl nach und nach in einer Pfanne erhitzen. Die Auberginenscheiben mit Küchenpapier trockentupfen und nacheinander in dem Öl von beiden Seiten anbraten. Herausnehmen und nebeneinander auf einer Arbeitsfläche ausbreiten.

4 Pesto mit den passierten Tomaten verrühren und mit Salz, Pfeffer und Cayennepfeffer pikant abschmecken. Auf die Auberginen streichen.

5 Das Basilikum waschen und die Blättchen abzupfen. Den Lachs aus dem Gefrierfach nehmen und mit einem scharfen Messer in dünne Scheiben schneiden. Mit dem Zitronensaft beträufeln, salzen, pfeffern und auf die Auberginenscheiben legen. Mit den Basilikumblättchen belegen. Die Auberginenscheiben aufrollen und auf Holzspießchen stecken.

6 Den Heißen Stein anheizen und mit Öl bestreichen. Die Röllchen darauf in 10 Min. garen, dabei einmal wenden. Dazu paßt am besten Stangenweißbrot und ein gut gekühlter Rosé, z.B. aus der Provence.

Fisch in Pfefferkruste

● Gelingt leicht
● Raffiniert

Für 2 Personen:

6 Schollenfilets
(je etwa 50 g)
1 EL Zitronensaft
Salz
2 TL getrocknete grüne Pfefferkörner
1 Bund Dill
1 Eiweiß
je 1 Bund Basilikum und Schnittlauch
1 kleine Gewürzgurke
nach Belieben 1 TL Kapern
150 g Crème fraîche
1-2 TL scharfer Senf
2 TL Weißweinessig
1 TL Öl für den Stein

Vorbereitungszeit: 20 Min.
Garzeit: 4 Min.

Pro Portion ca.: 1850 kJ/440 kcal
27 g EW/34 g F/8 g KH

1 Die Schollenfilets kalt abspülen, trockentupfen, mit dem Zitronensaft beträufeln und salzen.

2 Die Pfefferkörner mit einem großen schweren Messer oder im Mörser fein zerdrücken. Den Dill waschen und die Spitzen abschneiden. Mit den Pfefferkörnern mischen.

3 Das Eiweiß nur leicht schlagen, bis es weiß und schaumig, aber nicht fest ist. Die Fischfilets auf beiden Seiten damit bestreichen, dann in der Pfeffer-Dill-Mischung wenden.

4 Für die Sauce Basilikum und Schnittlauch waschen. Schnittlauch in Röllchen schneiden, Basilikum ohne die groben Stiele fein hacken. Gewürzgurke und Kapern ebenfalls sehr fein zerkleinern.

5 Crème fraîche mit Senf und Essig verrühren. Kräuter, Gurke und Kapern untermischen und die Sauce mit Salz abschmecken.

6 Den Heißen Stein anheizen und mit Öl bestreichen. Die Fischfilets darauf pro Seite 2 Min. braten, mit der Sauce servieren.
Dazu passen außerdem Pell- oder Folienkartoffeln und eventuell ein kleiner Salat. Reichen Sie als Getränk einen kräftigen Weißwein, z.B. einen Chardonnay.

Entenbrust mit Aprikosenmarinade

- Raffiniert
- Etwas teurer

Für 2 Personen:

40 g getrocknete Aprikosen
4 EL trockener Sherry
1 EL Zitronensaft
1 EL Sojasauce
1 Knoblauchzehe
1/2 TL Senfpulver
Cayennepfeffer
Salz
weißer Pfeffer
1 Flugentenbrust (etwa 350 g)
1–2 Bund Frühlingszwiebeln (je nach Größe)
2 TL Öl für den Stein

Quellzeit: mindestens 2 Std.
Vorbereitungszeit: 30 Min.
Garzeit: 2–8 Min.

Pro Portion ca.: 1710 kJ/410 kcal
35 g EW/15 g F/26 g KH

1 Die Aprikosen fein würfeln. Mit dem Sherry, dem Zitronensaft, der Sojasauce und 6 EL warmem Wasser mischen und 2 Std. quellen lassen.

2 Die Aprikosen dann einmal aufkochen lassen und zugedeckt bei mittlerer Hitze 10 Min. dünsten.

3 Den Knoblauch schälen und dazupressen. Die Aprikosenmasse fein pürieren. Mit dem Senfpulver, dem Cayennepfeffer, Salz und Pfeffer pikant würzen. Etwas abkühlen lassen.

4 Die Haut der Entenbrust rautenförmig einschneiden. Die Entenbrust von beiden Seiten mit der Aprikosenmasse bestreichen, in Folie wickeln und mindestens 2 Std. kalt stellen (das können Sie auch schon am Vorabend machen).

5 Dann die Frühlingszwiebeln putzen, waschen und von den dunkelgrünen Teilen befreien. Die Zwiebeln der Länge nach vierteln.

6 Die Entenbrust mit einem scharfen Messer in etwa 1/2 cm breite Scheiben schneiden.

7 Den Heißen Stein anheizen. Mit Öl dünn bepinseln. Die Frühlingszwiebeln 6–8 Min. garen, dabei gelegentlich wenden. Die Entenscheiben 2 Min. garen, dabei einmal wenden.
Dazu paßt frisches Stangenweißbrot, aber auch feine Bandnudeln, mit Butter vermischt und in einer Schüssel auf dem Rechaud warm gehalten. Als Getränk können Sie einen kräftigen Rotwein, z.B. einen Bordeaux, servieren.

Lamm mit Mangosauce

- Raffiniert
- Etwas teurer

Für 2 Personen:

350 g Lammkeule ohne Knochen
je 1 TL Koriander- und schwarze Pfefferkörner
1 Stück frischer Ingwer (etwa walnußgroß)
2 TL Senf
2 EL Sonnenblumenöl
1/2 Mango (etwa 150 g)
1 Tomate
1 Bund Basilikum
1–2 TL Weißweinessig
Salz
2 TL Öl für den Stein

Kühlzeit: 45 Min.
Marinierzeit: mindestens 2 Std.
Vorbereitungszeit: 20 Min.
Garzeit: 2–3 Min.

Pro Portion ca.: 2030 kJ/490 kcal
26 g EW/36 g F/15 g KH

1 Die Lammkeule in Frischhaltefolie wickeln und 45 Min. ins Tiefkühlgerät legen.

2 Koriander- und Pfefferkörner im Mörser fein zerstoßen. Den Ingwer schälen, grob zerkleinern und durch die Knoblauchpresse drücken. Gewürze und Ingwer mit Senf und Öl verrühren.

3 Das Lammfleisch aus dem Tiefkühlgerät nehmen, mit einem scharfen Messer in möglichst dünne Scheiben schneiden. Die Scheiben überlappend auf einem Teller verteilen, mit der Gewürzmischung bestreichen und mindestens 30 Min. ziehen lassen.

4 Die Mango schälen und das Fruchtfleisch in Schnitzen vom Kern schneiden. Die Tomate waschen und grob zerkleinern, dabei den Stielansatz entfernen. Mango und Tomate im Mixer fein pürieren.

5 Das Basilikum waschen und die Blättchen sehr fein hacken. Unter die Mangosauce mischen, diese mit dem Essig und Salz abschmecken.

6 Den Heißen Stein anheizen und mit Öl bepinseln. Die Lammscheiben pro Seite gut 1 Min. garen, dann mit der Mangosauce servieren.
Dazu paßt Reis.

> **TIP!**
> Statt der Mangosauce schmeckt dazu auch das fruchtige Ananas-Chutney (Seite 58).

Im Bild oben: Entenbrust mit Aprikosenmarinade
Im Bild unten: Lamm mit Mangosauce

Gemüse in Erdnußpanade

- Preiswert
- Vegetarisch

Für 2 Personen:
1 Stück Knollensellerie (etwa 100 g)
1/2 Kohlrabi (etwa 150 g)
Salz
1 Stück Kürbis (etwa 150 g)
4 kleine Zwiebeln
1 EL Zitronensaft
weißer Pfeffer
1 Bund Basilikum
1 kleine Dose gehäutete Tomaten (400 g Inhalt)
1 getrocknete Chilischote
1 EL Olivenöl
1 Prise Zucker
100 g geröstete Erdnüsse
2 EL Mehl · 2 kleine Eier
1 TL Öl für den Stein

Vorbereitungszeit: 35 Min.
Garzeit: 6–8 Min.

Pro Portion ca.: 2410 kJ/580 kcal
24 g EW/36 g F/48 g KH

1 Sellerie und Kohlrabi schälen und in 1/2 cm dicke Scheiben schneiden. Beides in kochendem Salzwasser 3-4 Min. blanchieren, eiskalt abschrecken und abtropfen lassen.

2 Den Kürbis ebenfalls schälen, von den Kernen und von dem faserigen Fruchtfleisch befreien und in etwa 1/2 cm dünne Scheiben schneiden. Die Zwiebeln schälen und in etwa 1 cm dicke Scheiben teilen.

3 Das Gemüse mit dem Zitronensaft beträufeln und mit Salz und Pfeffer würzen.

4 Für die Sauce das Basilikum waschen und die Blättchen in feine Streifen schneiden. Die Tomaten abtropfen lassen (den Saft wegschütten oder für ein anderes Gericht verwenden) und mit der Chilischote im Mixer fein pürieren. Das Basilikum und das Öl untermischen und die Sauce mit Salz und Zucker abschmecken.

5 Die Erdnüsse fein mahlen, auf einen Teller geben. Das Mehl auf einen anderen Teller schütten, die Eier auf einem dritten Teller verquirlen.

6 Das Gemüse zuerst im Mehl, dann in den Eiern und zum Schluß in den Erdnüssen wälzen. Die Panade etwas andrücken.

7 Den Heißen Stein anheizen, mit etwas Öl bepinseln. Das Gemüse darauf pro Seite 3-4 Min. garen, mit der Tomatensauce servieren. Dazu passen Kartoffelsalat oder Folienkartoffeln bzw. Stangenweißbrot. Als Getränk schmeckt ein Pils.

Gegrilltes Gemüse

- Vegetarisch
- Gelingt leicht

Für 2 Personen:
1 kleine Aubergine
1 Zucchino
1 dünne Stange Lauch
1 grüne Paprikaschote
1 Fenchelknolle
150 g Austernpilze
1 Bund Petersilie
2 Knoblauchzehen
1 TL Fenchelsamen
1 EL Zitronensaft
4 EL Olivenöl
Salz · Pfeffer
Für den Möhrenjoghurt:
1 kleine Möhre
1/2 Bund Dill
100 g Joghurt
Salz · weißer Pfeffer
Für den Gurkenquark:
1 kleine Gurke (etwa 120 g)
100 g Quark
1 TL geriebener Meerrettich (aus dem Glas)
Salz
1 Prise Zucker
Für die Knoblauch-Mayonnaise:
1-2 Knoblauchzehen
50 g Salatmayonnaise
50 g saure Sahne
Salz
Cayennepfeffer
Außerdem:
1 TL Öl für den Stein

Vorbereitungszeit: 35 Min.
Garzeit: 6–8 Min.

Pro Portion ca.: 2440 kJ/580 kcal
20 g EW/36 g F/58 g KH

1 Aubergine und Zucchino waschen, von Stiel- und Blütenansätzen befreien und in etwa 1/2 cm dicke Scheiben schneiden. Den Lauch putzen, längs aufschneiden und gründlich waschen. Die weißen und hellgrünen Teile in etwa 1/2 cm dicke Scheiben schneiden. Die Paprikaschote waschen, halbieren, putzen und in Streifen schneiden. Den Fenchel waschen, von den Stielen befreien und der Länge nach halbieren. Den Strunk keilförmig herausschneiden, die Fenchelhälften quer in etwa 1/2 cm dicke Scheiben schneiden. Pilze putzen, die Stiele abschneiden. Größere Pilze halbieren oder vierteln.

2 Die Petersilie waschen und die Blättchen fein hacken. Den Knoblauch schälen und sehr fein hacken. Die Fenchelsamen mit einem großen Messer fein hacken. Petersilie, Knoblauch, Fenchel, Zitronensaft und Öl mischen, mit Salz und Pfeffer würzen und die Gemüse darin wenden.

3 Für den Möhrenjoghurt die Möhre schälen und sehr fein raspeln. Den Dill waschen und die Spitzen abschneiden. Beides mit dem Joghurt mischen, salzen und pfeffern.

4 Für den Gurkenquark die Gurke schälen und fein raspeln. Mit dem Quark und dem Meerrettich mischen und mit Salz und Zucker abschmecken.

5 Für die Knoblauch-Mayonnaise den Knoblauch schälen und durch die Presse drücken. Mit der Mayonnaise und der sauren Sahne mischen. Mit Salz und Cayennepfeffer abschmecken.

6 Den Heißen Stein anheizen. Mit etwas Öl bepinseln. Das Gemüse darauf in 6-8 Min. knusprig braun garen, dabei häufig wenden. Mit den Saucen servieren. Dazu passen Kartoffeln oder frisches Stangenweißbrot, als Getränk am besten ein kräftiger Rotwein, z.B. ein Rosso di Montalcino.

Im Bild oben: Gemüse in Erdnußpanade
Im Bild unten: Gegrilltes Gemüse

Das paßt dazu

Der Reiz eines Raclette- oder Heißen-Stein-Essens liegt nicht allein am gemeinsamen gemütlichen Garen bei Tisch, sondern auch in der Vielfalt der angebotenen Zutaten und den zahlreichen Variationsmöglichkeiten. Und dabei spielen die Beilagen keine unbedeutende Rolle.

Kartoffeln

Sie passen zu fast allen Raclette-Gerichten. Nehmen Sie möglichst kleine, festkochende Kartoffeln, die Sie kurz bevor die Gäste kommen garen und dann warm halten. Einige Raclette-Geräte-Hersteller bieten dafür spezielle Warmhaltesäckchen an, in die man die Kartoffeln füllt und in denen sie eine Weile heiß bleiben. Wer ein solches Säckchen nicht hat, gibt die Kartoffeln in eine vorgewärmte ofenfeste Schüssel und deckt ein dickes Frotteetuch darüber. Stellen Sie die Schüssel dann auf die Grillplatte oder den Heißen Stein, falls diese nicht benützt werden. Und wenn die Kartoffeln doch einmal kalt geworden sind, so ist das kein Beinbruch: Die Kartoffeln einfach schälen, in Scheiben schneiden und auf den Boden der Pfännchen legen. Die anderen Zutaten darauf verteilen und alles zusammen im Raclettegerät garen. So werden auch die Kartoffeln wieder warm. Übrigens: Pro Person rechnet man 200 g Kartoffeln.

Manchen Raclettegeräten liegt ein Warmhaltesäckchen für Pellkartoffeln bei.

Nudeln und Reis

Bei Reis oder Nudeln, wird die Sache schon etwas schwieriger. Entweder Sie garen sie ebenfalls noch einmal mit den Zutaten im Pfännchen, wobei sie wieder schön heiß werden. Oder aber Sie füllen sie in eine Schüssel, mischen sie mit etwas Butter oder Öl, damit sie nicht zusammenkleben und halten sie in einer Schüssel auf dem Rechaud heiß.

Brot

Wer nur Brot zu den Gerichten reichen will, sollte mindestens 100 g pro Person rechnen.
Zu Gerichten vom Heißen Stein passen fertige Saucen aus dem Glas, zum Beispiel Chilisauce, Aïoli oder ähnliches.

HINWEIS

Die Beilagen sind im Gegensatz zu den anderen Rezepten in diesem Buch für 4 Personen berechnet, denn hier müssen Sie nicht mehrere anbieten, um genügend Vielfalt zu bekommen.

Der süße Abschluß

Normalerweise ist man nach einem Essen mit viel Käse ziemlich satt und die meisten geben sich mit einer kleinen Kugel Eis und einigen Früchten mehr als zufrieden.
Wer aber auch noch mit einem krönenden Abschluß des Essens glänzen möchte, kann einen Pfännchen-Spülgang einlegen und dann die Nachspeise im Raclettegerät zubereiten.
Hier einige Anregungen dafür:

• Aromatische Früchte wie Mango, Ananas, Papaya oder auch gemischte Waldbeeren waschen oder schälen und, je nach Größe der Frucht, ganz lassen oder in Scheiben schneiden. Die Früchte in die Pfännchen legen und mit einer Sauce aus 150 g Mascarpone, 1 EL Zitronensaft, 1 EL gemahlenen ungesalzenen Pistazien oder Walnußkernen, Zucker und Vanillearoma nach Geschmack mischen. 6-8 Min. im heißen Gerät garen.

• Birnen oder Äpfel schälen, vierteln, von den Kerngehäusen befreien und in Spalten schneiden. Mit etwas Zitronensaft beträufeln. Je 50 g Vollmilch- und Zartbitterschokolade in Stücke brechen und in einer Tasse im heißen Wasserbad oder in der Mikrowelle schmelzen, dann etwas abkühlen lassen. Lauwarm mit 2 EL Crème fraîche und 1 EL Grand Marnier mischen und auf das Obst geben. 6 Min. im heißen Gerät garen.

• Gemischte Beeren mit Vanillezucker und etwas Zimtpulver mischen. 2-3 EL trockenen Rotwein oder roten Fruchtsaft untermischen. In die Pfännchen geben, 4-5 Min. im heißen Gerät garen und mit fertig gekauftem Vanilleeis servieren.

• 2 EL Haferflocken in 1-2 EL Butter goldbraun rösten. 1 EL Zucker dazugeben und schmelzen lassen. 1 Banane und 1 Birne schälen und in dünne Scheiben bzw. Schnitze schneiden. In die Pfännchen geben und mit den Knusperflocken bestreuen. 100 g Mascarpone mit 1 EL Portwein verrühren und darüber verteilen. 5-6 Min. im heißen Gerät garen.

• Bananen schälen, in Scheiben schneiden, mit einer Mischung aus Honig und Zitronensaft beträufeln und im heißen Gerät 6-7 Min. garen, bis sie schön gebräunt sind.

Nach einem Raclette genügt es häufig, wenn Sie frische Früchte zum Dessert reichen.

Ananas-Chutney

- Gelingt leicht
- Raffiniert

Das Chutney paßt gut zu gebratenem Fleisch.

Für 4 Personen:

1 Dose ungezuckerte Ananasscheiben (432 g Inhalt)
2 Tomaten (etwa 200 g)
2 Zwiebeln
1 EL Rosinen
75 g Zucker
80 ml Weißweinessig
1 getrocknete Chilischote
Salz

Vorbereitungszeit: 20 Min.
Garzeit: 45–60 Min.

Pro Portion ca.: 730 kJ/170 kcal
2 g EW/0 g F/45 g KH

1 Die Ananasscheiben abtropfen lassen und in kleine Stücke schneiden. Die Stielansätze der Tomaten entfernen. Die Tomaten mit kochendem Wasser überbrühen, häuten und klein würfeln. Die Zwiebeln schälen und fein hacken.

2 Ananas, Tomaten, Zwiebeln, Rosinen, Zucker und Essig zum Kochen bringen. Die Chilischote zerkrümeln und mit 2 TL Salz hinzufügen.

3 Alles bei schwacher bis mittlerer Hitze offen in 45–60 Min. dickflüssig einköcheln lassen, dabei gelegentlich umrühren.

4 Das Chutney abkühlen lassen und in Schälchen füllen. Oder ganz heiß in sterilisierte Schraubgläser verteilen und sofort verschließen. Es hält sich dann etwa 1 Jahr.

Balsamico-Zwiebeln

- Gelingt leicht
- Raffiniert

Die Zwiebeln passen zum Ur-Raclette (Seite 5) wie auch zu anderen kräftigen Gerichten.

Für 4 Personen:

250 g kleine Zwiebeln oder Schalotten
1 EL Butter
1 EL Zucker
Salz · weißer Pfeffer
2 EL trockener Sherry
2 EL Aceto Balsamico
1/8 l Wasser oder trockener Weißwein
1 Lorbeerblatt
Petersilienblättchen zum Garnieren

Zubereitungszeit: 30 Min.

Pro Portion ca.: 360 kJ/90 kcal
1 g EW/3 g F/13 g KH

1 Zwiebeln oder Schalotten schälen und der Länge nach halbieren.

2 Die Butter in einer Pfanne zerlassen. Den Zucker dazugeben und unter Rühren bei mittlerer Hitze schmelzen lassen. Die Zwiebeln hinzufügen und unter Rühren 5 Min. garen.

3 Mit Salz und Pfeffer würzen. Sherry, Essig und Wasser oder Wein dazugeben. Das Lorbeerblatt einlegen und Zwiebeln oder Schalotten offen bei mittlerer Hitze noch 5–10 Min. garen, bis sie bißfest sind. Die Flüssigkeit soll dabei sirupartig einkochen.

4 Zwiebeln oder Schalotten in eine Schüssel füllen und abkühlen lassen. Mit Petersilienblättchen garniert anrichten.

Rucola-Tomaten-Quark

● Schnell
● Würzig

Der Quark paßt sehr gut zu Gemüse vom Grill, vor allem zu Pilzen, aber auch zu Fleischspießen und zu Pellkartoffeln.

Für 4 Personen:

1 Tomate
1 Bund Rucola
1 Bund Basilikum
250 g Magerquark
4 EL Crème fraîche
Salz
weißer Pfeffer
1 Msp. scharfer Senf
1 TL Olivenöl

Zubereitungszeit: 10 Min.

Pro Portion ca.: 680 kJ/160 kcal
9 g EW/12 g F/7 g KH

1 Die Tomate waschen und in sehr kleine Würfel schneiden, dabei den Stielansatz entfernen. Rucola und Basilikum waschen. Die groben Stiele entfernen und die Blätter sehr fein hacken.

2 Den Quark mit Crème fraîche, Salz, Pfeffer, Senf und Olivenöl verrühren. Tomate, Basilikum und Rucola untermischen. Den Quark nochmals abschmecken und in einem Schälchen anrichten.

> **TIP!**
> Wenn Sie keinen Rucola bekommen, nehmen Sie 2–3 Bund Basilikum oder reichlich Schnittlauch.

Gurken-Tomaten-Salat

● Raffiniert
● Gelingt leicht

Dieser erfrischende Salat paßt vor allem zu deftigen Raclette-Gerichten.

Für 4 Personen:

1/2 Salatgurke
2 Fleischtomaten
1 weiße Zwiebel
3–4 Zweige frische Minze
1 EL Rotweinessig
Salz
weißer Pfeffer
1 Prise gemahlener Kreuzkümmel
3 EL Olivenöl
1 unbehandelte Zitrone

Zubereitungszeit: 15 Min.

Pro Portion ca.: 330 kJ/80 kcal
1 g EW/6 g F/8 g KH

1 Die Gurke schälen und längs halbieren. Die Kerne mit einem Löffel herauskratzen, die Gurke klein würfeln. Die Tomaten waschen, klein würfeln, Stielansätze entfernen.

2 Die Zwiebel schälen und sehr fein hacken. Die Minze waschen, die Blättchen abzupfen. Zwiebel, Minze, Gurke und Tomaten mischen.

3 Für die Vinaigrette den Essig mit Salz, Pfeffer und Kreuzkümmel verrühren. Das Öl nach und nach kräftig unterschlagen.

4 Die Vinaigrette unter die Salatzutaten mischen, eventuell nochmals nachwürzen. Den Salat in einer flachen Schüssel anrichten. Die Zitrone heiß waschen, abtrocknen und in Schnitze schneiden. Den Salat damit garnieren.

Preiselbeer-Orangen-Sauce

- Raffiniert
- Gelingt leicht

Diese Sauce schmeckt zu Geflügel und dunklem Fleisch, aber auch zu gegrillten Pilzen.

Für 4 Personen:

100 g frische Preiselbeeren
1 unbehandelte Zitrone
1 unbehandelte Orange
1 kleine Zwiebel
1/2 EL Sonnenblumenöl
1/8 l Gemüsefond (aus dem Glas)
Salz
weißer Pfeffer
Cayennepfeffer
1 EL Crème fraîche

Zubereitungszeit: 25 Min.

Pro Portion ca.: 340 kJ/80 kcal
2 g EW/3 g F/14 g KH

1 Die Preiselbeeren waschen und abtropfen lassen. Zitrone und Orange heiß waschen und abtrocknen. Die Schale abreiben. Die ganze Orange und 1 Zitronenhälfte auspressen. Die Zwiebel schälen und in sehr feine Würfel schneiden.

2 Das Öl in einem Topf erhitzen. Die Zwiebel darin glasig dünsten. Preiselbeeren, Orangen- und Zitronensaft sowie Gemüsefond dazugeben und alles 5 Min. köcheln lassen.

3 Die Preiselbeeren mit dem Pürierstab fein zerkleinern. Mit Salz, Pfeffer, Cayennepfeffer und den abgeriebenen Zitrusschalen abschmecken und abkühlen lassen. Dann die Crème fraîche unter die Sauce rühren.

Walnuß-Mayonnaise

- Schnell
- Gelingt leicht

Diese Mayonnaise paßt gut zu Fisch vom Heißen Stein, aber auch zu gebratenem Geflügel oder zu Gemüse – vor allem zu Tomaten und Pilzen.

Für 4 Personen:

1–2 EL Walnußkerne
1 Bund Schnittlauch
75 g Salatmayonnaise
75 g saure Sahne
1 Msp. scharfer Senf
Salz
weißer Pfeffer
Walnußkerne zum Garnieren

Zubereitungszeit: 10 Min.

Pro Portion ca.: 800 kJ/190 kcal
4 g EW/18 g F/6 g KH

1 Die Walnußkerne mit einem scharfen Messer in Scheiben schneiden. Eine Pfanne ohne Fett bei mittlerer Hitze erwärmen. Die Nüsse darin unter Rühren rösten, bis sie goldgelb sind und würzig duften. Dann auf einen Teller geben und abkühlen lassen.

2 Den Schnittlauch waschen und in feine Röllchen schneiden. Die Schnittlauchröllchen mit den Nüssen, der Mayonnaise und der sauren Sahne mischen.

3 Die Mayonnaise mit Senf, Salz und Pfeffer abschmecken und in ein Schälchen füllen. Mit Walnußkernen garnieren.

Kräutercreme

- Schnell
- Raffiniert

Diese Creme paßt sehr gut zu jeder Art von gegrilltem Gemüse, aber auch zu Fleisch und Fisch.

Für 4 Personen:

je 1 Bund Dill und Petersilie
1 getrocknete, in Öl eingelegte Tomate
1-2 Chilischoten (aus dem Glas)
75 g Joghurt
75 g Crème fraîche
1 TL Pesto (aus dem Glas)
Salz
Paprika, edelsüß

Zubereitungszeit: 10 Min.

Pro Portion ca.: 750 kJ/180 kcal
7 g EW/10 g F/20 g KH

1 Die Kräuter waschen, von den groben Stielen befreien und sehr fein hacken; vom Dill vorher einige kleine Zweiglein zum Garnieren beiseite legen. Die Tomate abtropfen lassen und sehr fein würfeln. Die Chilischoten abtropfen lassen und fein hacken.

2 Den Joghurt mit der Crème fraîche und dem Pesto verrühren. Die Kräuter, die Tomate und die Chilischoten untermischen und die Creme mit Salz und Paprikapulver pikant abschmecken.

3 Die Kräutercreme in ein Schälchen füllen und mit dem beiseite gelegten Dill garnieren.

Meerrettichcreme

- Preiswert
- Schnell

Die Meerrettichcreme schmeckt zu Fisch und Geflügel, aber auch sehr gut zu Gemüse vom Heißen Stein.

Für 4 Personen:

1 kleine Salatgurke (etwa 180 g)
1 große Gewürzgurke
2 TL grüne Pfefferkörner (aus dem Glas)
1 Bund Dill
150 g Magerquark
150 g Vollmilch-Joghurt
2 TL geriebener Meerrettich (aus dem Glas)
Salz
weißer Pfeffer
1 Prise Zucker

Zubereitungszeit: 10 Min.

Pro Portion ca.: 360 kJ/90 kcal
7 g EW/4 g F/7 g KH

1 Die Gurke schälen, der Länge nach halbieren und die Kerne mit einem Löffel herauskratzen.

2 Die Gurke und Gewürzgurke in sehr feine Würfel schneiden. Die Pfefferkörner abtropfen lassen. Den Dill waschen und die Spitzen abschneiden.

3 Den Quark mit dem Joghurt und dem Meerrettich verrühren. Gurken, Dill und Pfefferkörner untermischen und die Meerrettichcreme mit Salz, Pfeffer und Zucker abschmecken.

# Rezept- und Sachregister

A

Ananas
Ananas-Chutney 58
Hähnchenspieße mit Ananas-Gurken-Salat 48
Äpfel
Lauch mit Gorgonzola 11
Leberspieße 46
Aprikosen: Entenbrust mit Aprikosenmarinade 52
Artischocken: Rindfleischspieße 46
Auberginen
Auberginen-Fisch-Röllchen 50
Auberginen-Mais mit Joghurthaube 14
Gegrilltes Gemüse 54

B

Balsamico-Zwiebeln 58
Beilagen 56
Birnen: Radicchio mit Roquefort 11
Bratwürste mit Rucola 24

C

Chicorèe mit Schinken und grünem Pfeffer 20
Chinakohl-Fisch-Päckchen mit Gurkensalat 42

E

Eier mit Tomaten und Käsecreme 6
Entenbrust mit Aprikosenmarmelade 52
Entenstreifen auf Fladen 26
Erdnüsse
Gemüse mit Erdnußpanade 54
Hähnchenspieße mit Ananas-Gurken-Salat 48

F

Fenchel
Filet mit Zitronensauce 24
Gegrilltes Gemüse 54
Gemüse mit Pistazienhaube 12
Filet mit Zitronensauce 24
Fisch
Auberginen-Fisch-Röllchen 50
Chinakohl-Fisch-Päckchen mit Gurkensalat 42
Fisch auf Portwein-Preiselbeer-Sauce 33
Fisch in Pfefferkruste 51
Fischspieße 44
Tomaten und Pilze mit Fisch-Kräuter-Füllung 32
Frühlingszwiebeln
Entenbrust mit Aprikosenmarinade 52
Gemüsespieße 46

Impressum

© 1997 Gräfe und Unzer Verlag GmbH, München. Alle Rechte vorbehalten. Nachdruck, auch auszugsweise, sowie Verbreitung durch Film, Funk und Fernsehen, durch fotomechanische Wiedergabe, Tonträger und Datenverarbeitungssysteme jeglicher Art nur mit schriftlicher Genehmigung des Verlages.

Redaktion: Christine Wehling
Lektorat: Claudia Daiber
Layout, Typographie, Umschlaggestaltung: Heinz Kraxenberger
Herstellung: Renate Hausdorf
Produktion: Helmut Giersberg
Fotos: Odette Teubner
Satz: Computersatz Wirth
Reproduktion: PHG, Martinsried
Druck: Appl, Wemding
Bindung: Sellier, Freising
ISBN 3-7742-2391-2

Auflage	5.	4.	3.
Jahr	01	2000	1999

Cornelia Schinharl
Sie lebt in der Nähe von München und studierte zunächst Sprachen, bevor sie sich dem Bereich Ernährung zuwandte. Nach der fundierten Ausbildung bei einer bekannten Food-Journalistin und einem Praktikum bei einem großen Hamburger Verlag, machte sie sich 1985 als Redakteurin und Autorin selbständig. Es sind seither zahlreiche Bücher von ihr erschienen.

Odette Teubner
wuchs bereits zwischen Kameras, Scheinwerfen und Versuchsküche auf. Ausgebildet wurde sie durch ihren Vater, den international bekannten Food-Fotografen Christian Teubner. Nach einem kurzen Ausflug in die Modefotografie kehrte sie in die Foodbranche zurück und hat seitdem das seltene Glück, Beruf und Hobby zu vereinen. Odette Teubner liebt die tägliche Herausforderung, die Frische und Natürlichkeit der Lebensmittel optimal in Szene zu setzen.

Rezept- und Sachregister

Kalbsleber mit
Trauben 25
Knoblauchgarnelen 35
Rotbarsch auf
Kartoffelsauce 36
Zwiebel-Raclette 6

Garnelen
Fischspieße 46
Gemüse mit
Garnelen 35
Knoblauchgarnelen 35
Gegrilltes Gemüse 54
Gemüse mit Erdnuß-
panade 54
Gemüse mit Garnelen 35
Gemüse mit Pistazien-
haube 12
Gemüsespieße 46
getrocknete Tomaten
Spinat mit Kalb-
fleisch 22
Tomaten-Crostini 9
Glasierte Würstchen mit
Knoblauchtomaten 44
Gorgonzola: Lauch mit
Gorgonzola 11
grüner Pfeffer: Chicorée
mit Schinken und
grünem Pfeffer 20
Gurken
Chinakohl-Fisch-
Päckchen mit
Gurkensalat 42
Gurken-Tomaten-
Salat 59
Hähnchenspieße
mit Ananas-Gurken-
Salat 48
Meerrettichcreme 61
Gurkenquark: Gegrilltes
Gemüse 54

Hackfleischtaler mit
Raclettekäse 22
Hähnchen
Hähnchen mit
Preiselbeeren 25
Hähnchen mit
Zuckerschoten und
Mango 26
Hähnchenspieße
mit Ananas-Gurken-
Salat 48
Heißer Stein 40

Joghurt: Auberginen-Mais
mit Joghurthaube 14

Kabeljau mit Tomaten 34
Käse 18
Kalbfleisch: Spinat mit
Kalbfleisch 22
Kalbsleber mit Trauben 25
Kartoffeln
Kartoffeln mit
Kräutertomaten 17
Kartoffeln mit
Pilzen 16
Rotbarsch auf
Kartoffelsauce 36
Knoblauch-Mayonnaise:
Gegrilltes Gemüse 54
Knoblauchgarnelen 35
Knoblauchwürste:
Paprikastreifen mit
Knoblauchwurst 14

Kohlrabi: Gemüse mit
Erdnußpanade 54
Kokosmilch: Hähnchen
mit Zuckerschoten
und Mango 26
Kräuter
Kräutercreme 61
Tomaten und Pilze
mit Fisch-Kräuter-
Füllung 32
Kürbis: Gemüse mit
Erdnußpanade 54

Lachs: Grüner Spargel
mit Lachs 16
Lammfleisch
Lamm mit
Mangosauce 52
Lamm-Spinat-
Pflänzchen mit
Tomaten-
Vinaigrette 42
Lammkeule mit
Pinienkernen 28
Lauch
Gegrilltes Gemüse 54
Gemüse mit
Garnelen 35
Gemüse mit
Pistazienhaube 12
Lauch mit
Gorgonzola 11
Leberspieße 46
Limetten: Salbeifisch mit
Limettensauce 38

Mais: Auberginen-Mais
mit Joghurthaube 14
Mango
Hähnchen mit
Zuckerschoten und
Mango 26
Lamm mit
Mangosauce 52
Mangold:
Strudelteigröl chen
mit Mangold und
Brät 21
Mariniertes Fleisch
und Pilze 44
Mascarpone: Saibling
mit Senf-
mascarpone 38
Mayonnaise: Walnuß-
Mayonnaise 60
Meerrettichcreme 61
Menüvorschläge 30
Möhren: Gemüse mit
Garnelen 35
Möhrenjoghurt:
Gegrilltes Gemüse 54
Morcheln:
Rindfleischspieße 46

Orangen
Preiselbeer-
Orangen-Sauce 60
Schweinefilet mit
Orangen 28

Rezept- und Sachregister

P

Paprika
Bratwürste mit Rucola 24
Gegrilltes Gemüse 54
Gemüse mit Pistazienhaube 12
Gemüsespieße 46
Hackfleischtaler mit Raclettekäse 22
Hähnchen mit Preiselbeeren 25
Kartoffeln mit Pilzen 16
Mariniertes Fleisch und Pilze 44
Salbei-Pilze 16
Tomaten und Pilze mit Fisch-Kräuter-Füllung 32
Pinienkerne: Lammkeule mit Pinienkernen 28
Pistazien: Gemüse mit Pistazienhaube 12
Preiselbeeren
Fisch auf Portwein-Preiselbeer-Sauce 33
Hähnchen mit Preiselbeeren 25
Preiselbeer-Orangen-Sauce 60

R

Raclettekäse 18
Raclettegeräte 4
Radicchio mit Roquefort 11
Ricotta: Rosenkohl mit Ricotta-Nuß-Creme 8
Rindfleischspieße 46
Roquefort: Radicchio mit Roquefort 11
Rosenkohl mit Ricotta-Nuß-Creme 8
Rotbarsch auf Kartoffelsauce 36
Rucola
Bratwürste mit Rucola 24
Rucola-Crostini 10
Rucola-Tomaten-Quark 59

S

Safrannudeln mit Schinken 9
Saibling mit Senfmascarpone 38
Salbei
Leberspieße 46
Salbeifisch mit Limettensauce 38
Schinken
Chicorée mit Schinken und grünem Pfeffer 20
Safrannudeln mit Schinken 9
Schweinefilet mit Orangen 28
Sellerie
Gemüse mit Erdnußpanade 54
Gemüse mit Garnelen 35
Spargel: Grüner Spargel mit Lachs 16
Spinat
Gemüse mit Pistazienhaube 12
Lamm-Spinat-Pflänzchen mit Tomaten-Vinaigrette 42
Spinat mit Kalbfleisch 22
Strudelteigröllchen mit Mangold und Brät 21
Süßspeisen 57

T

Thunfisch mit Paprika 34
Tomaten
Ananas-Chutney 58
Chicorée mit Schinken und grünem Pfeffer 20
Eier mit Tomaten und Käsecreme 6
Fischspieße 46
Gemüse mit Erdnußpanade 54
Glasierte Würstchen mit Knoblauchtomaten 44
Gurken-Tomaten-Salat 59
Kabeljau mit Tomaten 34
Kartoffeln mit Kräutertomaten 16
Knoblauchgarnelen 35
Lamm mit Mangosauce 52
Lamm-Spinat-Pflänzchen mit Tomaten-Vinaigrette 42
Lammkeule mit Pinienkernen 28
Rucola-Tomaten-Quark 59
Saibling mit Senfmascarpone 38
Tomaten und Pilze mit Fisch-Kräuter-Füllung 32
Tomaten-Crostini 10

W

Walnußkerne: Walnuß-Mayonnaise 60
Würstchen: Glasierte Würstchen mit Knoblauchtomaten 44

Z

Zitronensauce: Filet mit Zitronensauce 24
Zucchini
Gegrilltes Gemüse 54
Gemüsespieße 46
Knoblauchgarnelen 35
Lammkeule mit Pinienkernen 28
Zwiebeln: Balsamico-Zwiebeln 58

ABKÜRZUNGEN
TL = Teelöffel
EL = Eßlöffel
Msp. = Messerspitze

kJ = Kilojoules
kcal = Kilokalorien
EW = Eiweiß
F = Fett
KH = Kohlenhydrate

CHEESECAKE

ZUTATEN:

- 150 g Vollkorn-Butterkekse
- 125 g Butter
- 4 Pck. Philadelphia mit Milka (à 175 g)
- 50 g Zucker
- 2 EL Mehl
- 1 Prise Salz
- 3 Eier
- 175 g Philadelphia Balance
- 4 EL Milch

Stücke: 16; Zubereitung: 2 Stunden

ZUBEREITUNG:

1. Backofen auf 200 °C (Umluft) vorheizen. Kekse in einen Gefrierbeutel füllen. Beutel verschließen und den Inhalt mit einem Nudelholz oder den Händen vollständig zerbröseln. Butter schmelzen, mit den Bröseln vermischen und in eine mit Backpapier ausgelegte Springform drücken.

2. „Philadelphia mit Milka", Zucker, Mehl und 1 Prise Salz mit dem elektrischen Handrührgerät auf niedrigster Stufe vermengen. Nacheinander die Eier kurz unterrühren.

3. Rand der Springform mit etwas Butter fetten. Philadelphia-Creme in die Springform füllen und die Oberfläche glatt streichen. Kuchen 10 Min. im Ofen backen, anschließend die Temperatur auf 90 °C reduzieren und den Kuchen für weitere 25 Min. backen. Backofen ausschalten und Cheesecake bei leicht geöffneter Ofentür 1 Stunde im Ofen abkühlen lassen.

4. Philadelphia mit Milch glatt rühren und auf dem abgekühlten Kuchen verteilen. Cheesecake für 5 Stunden oder über Nacht kühl stellen.

Pro Stück: ca. 1177 kJ/281 kcal, E 7 g, F 17 g, KH 25 g

HIMBEER HERZ

ZUTATEN:

- 3 Pck. Philadelphia mit Milka (á 175 g)
- 150 g Löffelbiskuit
- 125 g Butter
- 300 g Schoko-Joghurt (oder Nuss-Joghurt)
- 1 Prise Salz
- 1 Pck. gemahlene Gelatine (Dr. Oetker)
- 25 g Zucker
- 300 g Himbeeren (tiefgekühlt)
- 25 g Puderzucker

Stücke: 16; Zubereitung: 25 Min.; Kühlen: 2 Std.

ZUBEREITUNG:

1. Form vorbereiten: Herz-Backrahmen ohne Boden auf eine passende Tortenplatte setzen und wenn nötig außen mit Klebestreifen über dem Tortenrand und Boden fixieren. Herz-Springform mit Backpapier auslegen. Löffelbiskuits in einen Gefrierbeutel füllen. Beutel verschließen und den Inhalt mit einem Nudelholz oder den Händen vollständig zerbröseln. Butter schmelzen, mit den Bröseln vermischen und in die Form drücken.

2. „Philadelphia mit Milka", Joghurt und 1 Prise Salz mit dem elektrischen Handrührgerät vermengen.

3. Gelatine in 150 ml kaltem Wasser 10 Minuten einweichen. Zucker hinzufügen und alles unter Rühren erwärmen, bis sich die Gelatine gelöst hat. Zügig unter die Philadelphia-Creme rühren. Creme in die Form füllen und die Torte für 2 Std. kühlen.

4. Himbeeren auftauen und mit Puderzucker fein pürieren. Vor dem Servieren die Himbeersoße auf die Torte geben und vorsichtig bestreichen.

Pro Stück: ca. 983 kJ/235 kcal, E 4 g, F 12 g, KH 27 g